智库 中社

国家智库报告 2016（63）
National Think Tank

经　济

商品交易市场发展及相关监管制度建设问题研究

王雪峰　等著

RESEARCH ON COMMODITY TRADING MARKET DEVELOPMENT
AND REGULATORY SYSTEM CONSTRUCTION

中国社会科学出版社

图书在版编目(CIP)数据

商品交易市场发展及相关监管制度建设问题研究／王雪峰等著 . —北京：中国社会科学出版社，2016.10

（国家智库报告）

ISBN 978 - 7 - 5161 - 9181 - 1

Ⅰ.①商⋯　Ⅱ.①王⋯　Ⅲ.①商品市场—研究报告—中国　Ⅳ.①F723

中国版本图书馆 CIP 数据核字（2016）第 261129 号

出 版 人	赵剑英
责任编辑	王　茵
特约编辑	王　曦
责任校对	冯英爽
责任印制	李寡寡

出　　版	中国社会科学出版社
社　　址	北京鼓楼西大街甲 158 号
邮　　编	100720
网　　址	http://www.csspw.cn
发 行 部	010 - 84083685
门 市 部	010 - 84029450
经　　销	新华书店及其他书店

印刷装订	北京君升印刷有限公司
版　　次	2016 年 10 月第 1 版
印　　次	2016 年 10 月第 1 次印刷

开　　本	787 × 1092　1/16
印　　张	12.5
插　　页	2
字　　数	125 千字
定　　价	49.00 元

凡购买中国社会科学出版社图书，如有质量问题请与本社营销中心联系调换

电话：010 - 84083683

中国社会科学院财经战略研究院课题组

顾　　问：荆林波

负　责　人：王雪峰

课题组成员：

王雪峰　赵京桥　相均泳　黄　浩

摘要: 经过 30 多年的建设和发展,我国商品交易市场已经形成了横向多元化、纵向多层次的立体式市场体系;与此同时,市场也已经由计划经济的补充地位和拾遗补缺功能提升到了主导地位和对资源配置起决定性作用的功能。特别是十八大以来,市场及商品交易市场受到政府决策部门的高度重视。在此背景下,受国家工商行政管理总局市场司的委托,中国社会科学院财经战略研究院课题组对《商品交易市场发展及相关监管制度建设问题》进行研究。在经过课题组多次激烈研讨和对全国十多个省市深入调研的基础上形成了本报告,报告主要内容及核心观点如下:

一是通过对市场基本概念的梳理,提出了市场的本质就是基于一定的场所或空间载体,由多主体为了交易进行聚集而形成的复合型经济组织形式。在理清市场概念的基础上,进一步梳理当前我国不同国家部门及地方政府对商品交易市场概念的理解及应用的混乱现状,进而提出商品交易市场由举办主体提供场所或平台载体和管理服务,经营主体和消费主体在场所或平台载体聚集、在遵守举办方的管理规则和享受其提供的服务的基础上,进行合法、自主交易的复合型经济组织形式。这样,为市场各主体权责边界划分及政府监管奠定了理论及组织主体基础。

二是对我国商品交易市场的发展演进做了梳理，将我国商品交易市场的发展划分为，即无市场、集贸市场恢复、商品市场起步、商品市场分化、商品市场规范提升、商品市场结构调整和商品市场转型创新七个阶段。在掌握我国商品交易市场发展现状的基础上，提炼出其呈现的六大特点及五大趋势。六大特点分别是市场数量众多、多层次共存，投资运营主体多元、注册登记意愿不强，消费品市场比重大、综合市场占比高，东多西少、东强西弱，管理理念转变、服务规范提升，信息技术广泛应用、线下和线上融合发展。五大趋势分别是市场发展稳健、专业化趋势明显，市场规模化和高效化，市场综合功能提升强化，市场与产业相互促进、产业链竞争力提升，信息化进程加快、实体和网络市场融合。

三是在大量访谈、调研的基础上，从监管、市场举办主体及商户经营三个层面分别提炼出我国商品交易市场存在的问题。在监管层面，存在市场概念不清、属性不明，权力干预、规划无效，开办无标准、经营无资质，市场遍地开花、无照经营严重，法律地位不明、主体责任不清，地方保护盛行、政企关系不顺，多头管理、推诿扯皮，配套服务不足、外迁压力大，国际商贸巨头竞争、新兴业态冲击，区域差异大、水平参差不起，以及中间组织涣散、行业自律不强等十一个主要问题。在举办方管理层面，存在产权混乱、统一管理困难，守法意识淡薄、履责意愿弱，管理能力不足、配套设施滞后，品牌意识不强、产业支撑不强，不掌握消费趋势、信息技术应用能力低五个主要问题。在商户经营层面，存在融资难、融资贵，经营规模小、抗风险能力低，新老交替困难、持续经营陷入困境，诚信水平不高、缺乏行业自律这四大问题。

四是通过对监管、行政监管、工商行政监管的基本概念的梳理，明确了工商行政监管的五大职能，即市场主体准入与监管、市场秩序维护、市场维权、市场培育规范和市场服务。然后，依据工商部门在不同阶段履行的主要职责，将我国工商建制恢复后的职能依次分为五个阶段，即集贸市场培育、市场培育与建设管理，市场建设与管理拓展，管办脱钩与规范监管，规范监管与长效机制探索阶段。然后，依据国务院新"三定"方案，在掌握和梳理工商行政管理六大职能（市场规则制定、市场主体准入与监管、市场秩序维护、市场维权、市场服务及市场主体培育）的基础上，通过进一步分析指出，工商行政管理是我国特有的行政监管形式，它除了具有一般行政监管的"权力法定"、"机构独立"、"自由裁量"、"法律控制"、"维护公利"外，还具有体现我国特色的行政管理性、职能综合性、监管复杂性、执法权威性、任务多重性的市场监管特点。

五是在客观认识工商行政管理部门在培育市场、规范市场和维护市场秩序方面做出了历史性贡献的基础上，指出当前工商部门在履行市场监管职能时面临的十大问题，即市场概念不清、主体职责不明，立规建制能力不足、法律法规滞后，市场准入弱化、举办主体职责缺失，职能交叉、协调不畅，无照经营查处难，执法环境差、依法监管难，执法权力弱化、执法手段落后，队伍内人才匮乏、业务能力偏低，监管任务重、监管力量不足，经费不足、履责困难，职能错位、本末倒置。基于此，提出我国工商监管调整六大方向和趋势，即完善法规、依法监管，市场约束、信用监管，多方参与、社会监管，搭建信息平台、推进信息化监管，统一市场、联合监管，正面引导、激励监管。

六是分析了我国市场监管面临的强调"市场在资源配置中的决定性作用"和"全面推进依法治国"的政治新形势；市场发展呈立体化、主体复杂化、技术支撑信息化、线上线下融合化的市场新形势；以及工商监管面临简政放权、统一监管，完善规则、依法监管，信息公示、市场自律，信息技术应用、网络化监管，部门联合、综合监管新形势。在此基础上，对工商市场监管提出了十二条建议，即明确概念、主体分类，分类监管、突出重点，完善法规、厘清边界，废除《办法》、依法履责，转变观念、创新监管，细化准入、执照监管，信用激励、市场自律，改善信用分类、增强市场激励，统一平台、一体化监管，培育中介、行业自律，成立市场协会、促进行业自律，强化政府责任、约束政府权力。

Abstract: After more than 30 years' construction and development, Chinese commodity trading market has already formed horizontal diversification and vertical multi-level market system. At the same time, the market function has diverted from supplement of planned economy to the dominant position which is decisive in resource management. Especially since the 18th CPC National Congress, the government department lays great emphasis on market and commodity trading market. Under such circumstance, by the commission of market division from State Administration for Industry and Commerce, the research group from National Academy of Economic Strategy of CASS conducted study on commodity trading market development and regulatory system construction. On the basis of intense discussion and the research on more than 10 provinces, the research group presents this report. The main contents and core views are as follows.

Firstly, through the analysis on basic market concept, it puts forward that the nature of market is compound economic organization on which various agents gather at a certain place and space carrier for the transaction. On the basis of clarifying the concept of the market, the paper further sorts out the current situation of the confusion and misunderstanding of the concept of commodity trading market in different national departments and local governments. Then it proposes that the hosting entity and consuming entity gather at platform in order to transaction legally and freely on the basis of following management rules regulated by hosting entity and enjoying services it provided. In this way, it provides the theoretical and organizational main foundations for the main market entities on the market division of powers and responsibilities and government regulations.

Secondly, after working on the development of Chinese commodity trading market, the paper divides the development of commodity trading market into 7 stages: market default, the resumption of market trading, start-up of commodity market, commodity market differentiation, the improvement of commodity market regulation, structural reform of commodity market and commodity market transformation and innovation. After mastering status quo of commodity trading market, the paper concludes six major characteristics and five main trends.

Six major characteristics are the large scale of markets, multi-level coexistence, diversified investment entities, weak desire for registration, large market share of consumer goods, the popularity of integrated market, east more and west less, east stronger and west weaker, improvement of service standardization, diversion of management thinking, the large-scale application of information technology, the integration of online and outline commerce. The main five trends include: stable development of market, clear trends of specialization, large scale and high efficiency of market, intensification of market integrated functions, mutual promotion of market and industry, enhancement of industrial chains, acceleration of information technology, integration of online market and entities.

Thirdly, on the basis of a large number of interviews and surveys, the report concludes existing problems of our commodity trading market from three different aspects concerning regulation, main entities of market and the running of business. In the regulatory level, there exist 11 problems in terms of misunderstanding of market concept, unknown property, interference of power, inefficiency of regulation, lack of standards in running business, unqualified management, ambient market, running with no license, vagueness of legal status, unclear responsibility of major entities, prevalence of local protection, unsmooth relationship between government and enterprises, management of diverse divisions, buck-passing, lack of supporting services, relocation pressure, competition of international business giants, challenge of new industries, regional divergence, different level of development, lax middle organization and weak self-discipline industry. As to the management of hosting entities, there are five main loopholes which are property confusion, difficulty of unified management, weak awareness of law enforcement, lack of the sense of responsibility, lag of equipped facilities, weak brand awareness, lack of powerful industry support, ambiguous consuming trends, less capable application of information technology. For the entities who run business, there are four issues concerned. They are difficulty on financing, high cost of financing, small scale of business, weakness of resisting risks, difficulties in replacement between young and old, trouble of continuous operation, low level of probity and lack of self-discipline.

Fourthly, through the study of the basic concepts of supervision, administrative supervision, industrial and commercial administrative regulation, the paper clearly illustrates five major functions about commercial and administrative supervision with regard to the entrance of major market entities, protection of market orders, market right protection, Market cultivation norms and market services. Then, it divides responsibilities of industrial and commercial department after its establishment into 5 phases according to the main duties of commercial department at different stages. The five stages are all about market cultivation, construction management, market construction and management development, decoupling of administration and execution, regulatory supervision and long-term mechanism exploration. What's more, in line with "Three New Regulation" made by the State Council, the paper furthernotes that industrial and commercial administrative management is the special pattern of our country's administrative supervision after mastering and analyzing six major functions of industrial and commercial administrative management (draft of market regulation, the entrance and supervision of market entities, protection of market order, market protection, market services, cultivation of market entities). The management not only possesses the characters like rights bound by law, independence of department, administrative discretion, regulation by law, protection of collective properties, but also embodies Chinese style administrative and integrated management, complicated supervision, authority of law enforcement and multiplicities of task.

Fifthly, after subjectively recognizing historical contribution made by industrial and commercial administrative management department on issues like market cultivation and regulation and protection of market order. It is pointed out that current industrial and commercial departments are facing ten problems in the market supervision function, namely, unclear market concept, vagueness of entities' responsibilities, lack of ability in establishing rules and regulations, lag of laws and regulations, weakness of market access, ambiguous duties of hosting entities, unclear responsibilities, poor coordination, hard investigation on unlicensed operation, poor environment of law enforcement, difficulty in legal supervision, weakening of legal rights, backward law enforcement, shortage of talents within the team, low operational capacity, heavy burden of supervision, short of forces in supervision, shortage of fund, difficulty in responsibility fulfillment, dislocation of duties and taking the branch for the root. On the basis of them, the paper puts forward six directions and trends in adjustment of industrial and commercial supervision which include perfecting laws and regulations, supervising in accordance with law, constraining market, credit supervision, participation of multiple entities, supervision from community, building information platform, promoting information regulation, unifying market, joint supervision, positive guidance and incentive regulation.

Sixthly, our country's market regulation is facing new political trends, namely, "decisive position of market in resources management" and "comprehensively promoting the rule of law". The development of market reflects new circumstance which underlines three-dimensional development, complexity of main entities, informatization of supporting technologies and integration of online and offline market. Furthermore, industrial and commercial supervision departments also confront new trends like decentralization, unified regulation and supervision, perfecting rules and regulations, supervision in the light of law, information disclosure, self-discipline of market, application of information technology, network supervision, joint efforts of different divisions and integrated supervision. On the basis of new trends, the paper recommends 12 advices covering clarification of concepts, division of main entities, classified supervision, highlighting of focal points, perfecting laws and regulations, figuring out borders, abolition of "methods", fulfilling responsibilities in accordance with law, diversion of old thoughts, innovative supervision, specification of entrance regulation, licensed supervision, credit incentive, self-discipline of market, improving classification of credit, strengthening market incentives, unifying platform, integrating supervision, nurturing self-discipline of the intermediary and industry, establishing market association, promoting self-discipline of industry, strengthening government responsibility and constraining government power.

目　录

第一部分　我国商品交易市场发展问题研究

一　基本概念

（一）市场

市场起源于集市，是社会分工和商品经济发展的必然产物。社会分工越细，商品经济越发达，市场的范围和容量就越大；同时，市场在其发育和壮大的过程中，也推动着社会分工和商品经济的进一步发展。随着社会分工和经济社会的发展，市场概念的内涵不断深化，具有了以下三种不同层次的含义：一是指商品交换的场所；二是指各种市场主体之间交换关系乃至全部经济关系的总和；三是指对某种或某类商品的消费需求。在这三种含义中，"场所"是市场概念的本源和基础；"经济关系"是市场概念的社会化和泛化；而"消费需求"是泛化市场概念在营销管理领域的应用。综合市场概念的三种不同含义，我们认为"场所"是市场主体聚集的载体或平台，是市场形成的空间基础；"多主体聚集"是市场存在的表现形式；"交易"是市场主体聚集的目的，也是市场的核心功能；"经济关系"和"消费需求"分别是市场概念的延伸和在营销管理中的具体应用。这样，市场的本质就是基于一定的场所或空间载体，由多主体为了交易进行聚集而形成的复合型经济组织形式。

依据市场内交易商品的属性，市场可以分为一般商品市场和要素市场。一般商品市场又可以细分为消费品市场、生产资料市场和服务市场。要素市场又可细分为金融市场、劳动力市场、房地产市场、技术市场、信息市场、产权市场等。当然，依据不同的分类方式，市场还有很多分类方法，基于研究边界界定和下文研究的需要，我们主要遵循商品属性的分类方法。因而，下文所涉及的商品交易市场是将要素市场排除之后的狭义的商品交易市场，主要是指消费品市场、生产资料市场和服务市场。这样，商品交易市场的发展阶段、主体演变及其发展趋势就是我们重点研究和关注的内容。

（二）商品交易市场

对商品交易市场不同的部门和机构有不同的理解，目前在国内还没有统一的概念。譬如：《中国商品交易市场统计年鉴（2013）》[①] 给出的定义是"经有关部门和组织批准设立，有固定场所、设施，有经营管理部门和监管人员，若干市场经营者入内，常年或实际开业三个月以上，集中、公开、独立地进行生活消费品、生产资料等现货商品交易以及提供相关服务的交易场所，包括各类消费品市场、生产资料市场等"。《中国商品交易市场概览（2013）》[②] 给出的定义是"在一定区域内形成的有固定的交易场所，由市场经营管理者（市场开办者）负责自主经营管理，依法承担市场经营管理责任；有若干经营者进场经营，实施集中、公开商品交易的场所"。

各地方政府为了管理商品交易市场，也给出了不同的定义。譬如：《浙江省商品交易市场管理条例》

---

① 国家统计局、商务部、商业联合会等部门联合编制。
② 工商总局编制。

（2004）给出的定义是"由市场举办者提供固定商位（包括摊位、店铺、营业房等）和相应设施，提供物业服务，实施经营管理，有多个经营者进场独立从事生活消费品、生产资料交易活动的商品交易市场、商城等"。《上海商品交易市场管理条例》（2005）给出的定义是"由市场经营管理者经营管理、集中多个商品经营者在场内各自独立进行现货商品交易的固定场所"。《广东商品交易市场管理条例》（2012 修订）给出的定义是"有固定的交易场地、设施，有若干经营者进场经营，对生产资料、生活资料实行集中、公开、现货交易的场所"。

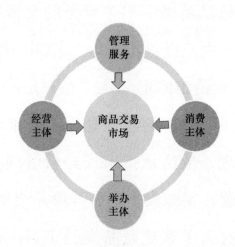

图 1　商品交易市场

以上不同机构、部门和政府给出的商品交易市场的概念大都是采用结构性描述的形式将市场定义为交易场所，或者以市场定义市场，没有很好地体现出商品交易市场的内涵和本质属性。我们认为，现实中场所只是市场形成和存续的载体要件，并不是经济组织，更不是法人主体或自然主体，因而无法反映出商品交易市场的多主体性、市场主体的聚集性及其组织性和经济性。如果将商品交易市场理解为场所，那么，必然成为政府市场监管找不到监管主体、失去监管对象的严重隐患。基于此，我们认为商品交易市场是由举办主体提供场所或平台载体和管理服务，经营主体和消费主体在场所或平台载体聚集、在遵守举办方的管理规则和享受其提供的服务的基础上，进行合法、自主交易的复合型经济组织形式。这样，商品交易市场主体包括举办（开办）主体①、经营主体、消费主体和服务主体。举办主体是指为市场提供场所、基础设施以及管理服务的主体；其主要职能是为市场形成提供场所或平台载体和管理服务。经营主体是聚集到平台载体，享受举办主体服务并接受管理的独立经营者；其主要职能是依据市场规则进行自主交易。消费主体是指聚集到市场平台进行自主采购的

---

① "市场举办方"通常也被称为"市场主办方"或"市场开办方"，本报告统一使用"市场举办方"。

其他经营者和消费者，其主要任务是采购和购买。服务主体是指为各类市场主体提供服务、促进交易顺利实现的主体，其主要职能是为市场交易功能提供服务支撑。

二　我国商品交易市场发展演进概述

商品交易市场起源于集贸市场，从其发展演进来看，一般都经历了自发组织、有管理组织、组织提升、组织规范和现代组织五个发展阶段。我国商品交易市场的发展演进与我国的经济社会发展和体制调整密切相关，新中国成立以来大致经历了关闭集贸市场（1958—1960年）、开放集贸市场（1960年下半年—1965年）、关闭集贸市场（1966年5月—1976年）、开放集贸市场（1979年至今）四个过程。依据其存在和组织形式大致可以分为以下七个阶段。

（一）无市场阶段（计划经济时期）

在计划经济体制下，我国实行的是生产资料统一调拨，工业消费品采用"三级批发"（即一级批发、二级批发、三级批发到零售）和"三固定"（即固定的供应

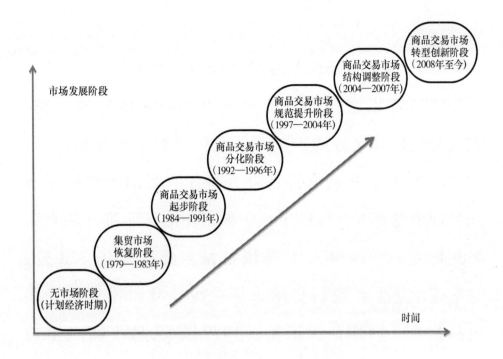

图 2　我国商品交易市场的发展阶段

区域、固定的供应对象和固定的倒扣作价方式）的流通模式；农产品采用"统购统销"的流通机制。在政策上，也曾经把集贸市场当成"资本主义的尾巴"来割，随着政治形势和政策的变动处于时开时关的状态。在这样的政治和政策环境下，国内没有真正经济意义上的商品，不同经济组织间也没有商品交易，更没有市场价格调节机制；基本上处于无真正意义上的商品交易市场阶段，即使是原始形态的集贸市场也处于抑制和十多年的关闭状态。

（二）集贸市场恢复阶段（1979—1983 年）

1978 年以来，伴随思想认识和国家政策的调整，在政策放松和允许的推动下，我国集贸市场开始恢复。1978 年年底，北京海淀区北太平庄、朝阳区水碓子两处集贸市场恢复，打破了大中城市中心区不准开集贸市场的规定。1979 年，上海恢复城乡集贸市场 328 处，并正式设立生产资料交易市场；1981 年批准开放了小商品集市。同期，汉正街（1979）、义乌小商品市场（1982）、五爱市场（1983）等市场也孕育诞生。在这一阶段，集贸市场的"调节余缺"的功能和"社会主义统一市场的组成部分"的地位得到明确认可，为我国集贸市场的恢复奠定了理论和政策的基础。市场发展主要以城镇和农村的集贸市场恢复为主，同时也孕育、诞生了一些新的集贸市场、小商品市场和生产资料市场。无论是恢复的集贸市场还是新生集贸、小商品和生产资料市场，大多是处于组织管理松散、露天经营的马路市场、街边市场、水边市场、墙边市场等组织形态。整体上，伴随城乡集贸市场的逐步恢复和个别小商品市场及生产资料市场的诞生，我国商品交易市场处于恢复、孕育和萌芽的阶段。

（三）商品交易市场起步阶段（1984—1991 年）

《城乡集市贸易管理办法》（1983）的颁布实施、农产品"统购统销"政策的取消以及"搞活农村经济"的要求，为我国商品交易市场的发展和规范起到了积极的推动作用。在这一阶段，集贸市场开始分化，商品交易市场和贸易中心产生。1984 年，我国第一家产区蔬菜商品交易市场——山东寿光蔬菜商品交易市场成立；上海市区农副产品集贸市场从零售向批发市场提升，突破了过去由国营商业按计划批发供应的限制。同年，我国贸易中心开始起步，逐步打破了国营商业独占商品交易市场的局面，启动了批发体制改革。到 1985 年，在全国范围内形成了"贸易中心热"，1986 年国家开始对各地贸易市场进行清理整顿。在集贸市场恢复、新建的同时，全国范围内小商品市场、生产资料市场、商品交易市场等各类市场如雨后春笋般涌现。特别是 1990 年，郑州粮食商品交易市场成立，在国内和国外都产生了很大的影响，被视为我国继续推进改革开放和市场经济发展的里程碑。经过集贸市场的规范、贸易中心的清理和整顿后，我国商品交易市场体系逐步形成。到 1990 年年末，全国城乡消费品交易市场达到了 7.2 万个，成交额达到了 2168 亿元；而在 1979 年，全国城乡消费品交易市场只有 3.9 万个，成交额只有 183 亿元。在这一阶段，各类市场主要以露天市场、简易大棚市场、水泥台市场等集贸市场的形式存在；但市场数量和交易额快速增长，整体上处于起步阶段。

（四）商品交易市场分化阶段（1992—1996 年）

随着发展社会主义市场经济方针的确立，商品交易市场建设成为我国市场经济体制构建的重要任务。1993 年 7 月 16 日，国家工商行政管理局发布的《商品交易市场登记暂行管理办法》（第 13 号）明确了加快培育和完善社会主义市场经济体系的任务和要求。在"改革现有的商品流通体系，发展商品交易市场"政策的推动下，全国各地都非常重视区域商品交易市场建设，掀起了多元化投资商品交易市场的热潮。各地商品交易市场数量快速增加，如湖北省在 1995 年年底已有各类市场 4274 个，成交额达 423.65 亿元。江苏省在 1996 年年末已有各类市场 5479 个，成交额达 2869 亿元。1998 年年底，河南省共建成商品交易市场 2536 个，其中商品交易市场 534 个，零售市场 2002 个。在这一阶段，市场投资主体开始多元化，国营、集体、个体、私营、外资等多种经济成分并存。经营环境开始差异化，马路市场、大棚市场、室内封闭市场等多种市场形态并存。经营方式开始分层，批发市场、批零兼营市场和零售市场开始分化，国内很多知名的商品交易市场都是在这个时期奠定的基础。经过建设和改造，整体上处于投资主体多元化，市场数量增加，经营环境分化，经营方式分化，市场体系开始形成的阶段。

（五）商品交易市场规范提升阶段（1997—2004 年）

经过十多年的发展，我国商品交易市场数量快速增加，1998 年达到了 89177 个；其中，大多数是集贸市场形式的马路市场、街边市场，存在规模小、布局差、卫生脏乱、阻碍交通、经营扰民等一系列问题；同时，部分专业市场出现了假冒伪劣和流通无序的问题。为了控制总量、优化结构、突出重点、维护市场秩序，规范提升成为这一阶段我国政府发展商品交易市场的主导政策。1995 年，国务院办公厅转发了《国家工商行政管理局关于工商行政机关与所办市场尽快脱钩的意见》（国办发〔1995〕40 号）。1996 年，国家工商行政管理局发布了《商品交易市场登记管理办法》（第 54 号），基于该管理办法各地陆续出台了《商品交易市场登记管理条例》。"管办脱钩"为工商部门履行职责，加强对市场的监督管理和规范市场提供了行政基础；"市场登记"为工商部门"加强各类商品交易市场管理、规范市场开办行为，维护市场秩序"提供了有力的抓手。在这期间，国家加大了对集贸市场"假冒伪劣、偷税漏税和藏污纳垢"问题的治理，加大了对专业市场"假冒伪劣"、市场"过多过乱"的清理和规范。经过清理、整顿和规范，农村集贸市场数量下降，2001 年相对 1999 年减少了 5295 个。城市商品交易市场数量增加，2001 年相对 1998 年增加了 2672 个。部分专业市场数量大幅减少，如中药材市场经过整顿，只保留了 17 家，关闭、取缔或转营了 90 多家未经批准的药材市场或药品集贸市场。这一阶段，我国包含集贸市场、商品交易市场、批零兼营市场的立体式商品交易市场体系基本形成。同时，政府监管部门明确了职责，针对商品交易市场数量快速增加后，市场发展存在良莠不齐、假冒伪劣、过多过乱和流通无序问题，加强了行政监管，推动了市场规范提升和有序发展。

（六）商品交易市场结构调整阶段（2004—2007 年）

经过前一阶段的清理、整顿和规范提升，在"管办脱钩""市场登记"和"加强监管"的引导下，我国商品交易市场的纵向立体式市场体系已经形成，逐步由数量增加、规范提升进入到结构调整阶段。按照我国加入WTO 的协议要求，2003 年年底开放商品交易市场经营；2004 年 12 月 11 日，我国商品交易市场全面开放。2004 年，我国批准设立了 11 家外资批发企业。2005 年，商务部批准的外资批发企业多达 571 家，其中，303 家为生产资料批发企业，形成外资商业进入我国的第一次热潮。在外资商业冲击和内部市场间激烈的竞争下，我国商品交易市场在数量上开始减少，并且，在结构上进行了自觉调整，主要表现为：一是传统形式的市场数量减少，大型规模市场和专业市场数量增加。二是农村集贸市场数量减少，城市商品交易市场数量先减少后增加。三是东部市场规模和辐射范围快速扩张，中西部市场发展提升较慢。四是区域龙头市场崛起，外资市场并购盛行。五是新兴网络市场、物流市场和跨区域连锁品牌市场异军突起、发展迅猛。在这一阶段，繁荣市场与萧条市场并存，规模市场与专业市场提升，外资市场与内资市场角逐，新兴市场冲击传统市场；整个市场体系处于内外资、城乡、区域、现代与传统的综合结构调整阶段。另外，随着《中华人民共和国行政许可法》（2003）的颁布实施，《商品交易市场登记管理办法》于 2004 年 8 月废止，我国商品交易市场也开始由市场登记向企业登记过渡，国家对商品交易市场的政策和监管也处于调整期。

（七）商品交易市场转型创新阶段（2008 年至今）

经过 30 多年的发展，我国已经形成较为完善的商品交易市场体系，各类商品交易市场竞相发展，部分进入到品牌经营和提升阶段。特别是信息应用技术的成熟和互联网的快速普及，迅猛发展的网络市场对传统市场的冲击效应逐步显现。在此背景下，我国商品交易市场也开始进入到利用信息技术改造提升市场综合服务功能的转型发展和市场连锁经营的发展阶段。如：昆明螺蛳湾区域批发中心的展示模式；北京新发地商品交易市场与社区商业的对接模式；海宁皮革城借助品牌优势相继在辽宁佟二堡、江苏沭阳、河南新乡、四川成都、黑龙江哈尔滨、天津、山东济南等地开办或在建多家分店，开启了商品交易市场的连锁经营模式；深圳华南城和万达广场的城市综合体模式；临沂市场的物流园区模式；义乌商城的义乌购上线，启动线上线下融合模式；各中心城市出现的商品交易市场外迁模式等，都是我国商品交易市场在这一阶段对转型升级的主动或被动的探索。目前，我国商品交易市场在企业化、多元化、层次化和规模化、专业化、信息化的基础上，进入到品牌化、连锁化、综合化、物流化、中心化和融合化的转型提升阶段。

通过我国商品交易市场的发展演进可见：真正意义上的商品交易市场在我国起源于集贸市场，并且与我国的政治形势、经济政策密切相关。一般认为，如果基于交易场所条件及其功能的演进，我国商品交易市场发展大致经历了马路或大棚式露天集贸市场、室内市场、商场化市场、商城化市场四个阶段。目前，处于以室内市场为主向商场化市场提升的多层次市场形式并存的状态。如果基于场内经营主体构成演进的视角，一般认为我国商品交易市场大致经历了流动商贩、固定个体商户、商业股份公司和商贸集团的发展阶段。目前，处于以固定个体商户和商业股份公司为主向商贸集团提升的多种组织形式并存的阶段。如果基于场所和组织结构及功能演进相结合的角度，大致经历了集贸市场与城镇相互依托的集镇阶段；以市场规模扩张为基础，商户组织化程度不断提高、市场具有一定区域影响力的商品城阶段；以及在商品城的基础上，伴随市场的国际扩张和辐射范围的国际扩展形成的国际商业中心或国际商业都市阶段。总之，商品交易市场是经济运行过程中进行商品交易的经济组织形式，是社会再生产过程中实现商品"惊险一跃"的关键环节，也是经济发展的晴雨表和经济发展状态的指示器。我国商品交易市场的发展演进历程表明：商品交易市场是经济发展的助推器，是繁荣经济、活跃流通、促进消费、孕育商机、技术创新和生产技术水平提高的摇篮；是经济发展、社会进步和社会和谐的重要基石。商品交易市场的发展对我国经济社会的发展和进步已经做出了巨大的贡献。

三　我国商品交易市场发展现状

（一）商品交易市场整体现状

我国商品交易市场经过 30 多年的恢复、培育、发展、规范和调整，已经形成了数量基本稳定、经营规模分层、经营方式分化、经营主体多元、区域布局差异、运营相对规范的商品市场体系。整体上，我国商品交易市场的规模层次、经营方式、区域分布、城乡分布、投资主体及注册登记现状如下。

1. 规模层次现状：批零市场为主

在市场规模层次上，各类商品批零市场 57142 个，占市场总数的 89.09%；各类商品批发市场有 6999 个[①]，占市场总数的 10.91%；亿元以上商品市场有 5075[②] 个，占市场总数的 7.91%。形成了以大型商品交易市场引领、中型批零市场联结、小型批零市场和集贸市场为基础的金字塔形商品交易市场体系。

---

① 数据来源：依据《商品交易市场概览》（2013）整理。
② 数据来源：《中国商品交易市场统计年鉴》（2013）。

2. 市场经营方式和内容现状：综合市场、消费市场为主

在市场经营方式和内容上，各类综合市场有 50336 个[1]，占比为 78.48%；专业市场 13805 个，占比为 21.52%。形成了以综合经营为主，专业经营为辅的市场经营结构。各类消费品市场 59256 个，占市场总数的 92.38%；各类生产资料市场 4885 个，占比为 7.62%。形成了消费品市场在数量上占绝对比重的市场结构。这也说明我国消费品市场化的程度远远高于生产资料市场化的程度。

3. 市场区域分布现状：区域不平衡

在区域分布上，东部地区市场数量是 29319 个[2]，占全国市场总数的 45.71%，亿元以上市场有 3072 个，占比高达 60.53%；中部地区市场数量是 11421 个，占比为 17.81%，亿元以上市场有 937 个，占比为 18.46%；西部地区市场数量是 18350 个，占比为 28.61%，亿元以上市场 682 个，占比为 13.44%；东北地区市场数量是 4551 个，占比为 7.87%，亿元以上市场有 384 个，占比为 7.57%。另外，市场数量排名前十位的省份分别是山

---

[1] 数据来源：《商品交易市场概览》（2013）。
[2] 数据来源：依据《商品交易市场概览》（2013）整理。

东、广东、四川、江苏、浙江、云南、河南、河北、广西和辽宁，这 10 个省（区）的市场数量是 39685 个，占全国市场总数的 61.87%。可见，我国的商品交易市场在区域上主要分布在东部，东部的商品交易市场占据了我国商品交易市场的半壁江山。

4. 市场城乡分布现状：城市市场集中

在城乡分布上，全国城市中市场有 32660 个，占市场总数的 50.92%；农村中市场有 31481 个，占比为 49.08%。城市中消费品市场有 28955 个，在消费品市场中占比为 48.86%；农村中消费品市场有 30301 个，在消费品市场中占比为 51.14%。城市中生产资料市场有 3700 个，在生产资料市场中占比为 75.74%；农村中生产资料市场有 1185 个①，占比为 24.26%。分布在城市中的商品交易市场数量已经超过农村，特别是生产资料市场，主要分布在城市。

5. 市场投资运营主体现状：经营主体多元

全国共有市场经营管理单位 59680 个，其中法人企业有 41751 个，占全部经营主体的 70%。公司法人

---

① 数据来源：依据《商品交易市场概览》（2013）整理。

29914 个，占全部经营主体的 50.1%；合伙企业 2127 个，占全部经营主体的 3.5%；个人独资主体 5762 个，占全部经营主体的 9.6%；社团法人 4722 个，占全部经营主体的 7.9%。目前，市场建设由原来国有投资建设为主，已经转变为国有、集体、私营、个体等多主体共同投资和运营，形成投资运营主体多元化的现状。

6. 市场注册登记现状：效果不理想

从注册登记的角度看，已登记注册 44229 个，占市场总数的 68.96%；其中，消费品市场登记 40054 个，占登记总数的 90.56%，占消费品市场总数的 67.56%；生产资料市场登记 4175 个，占登记总数的 9.44%，占生产资料市场总数的 85.47%。可见，市场登记取得了一定的成效，但不太理想；在结构上，消费品市场登记管理效果较差，生产资料市场登记管理效果比较理想。

总之，整体上，我国以全国各地的集贸市场和中小型综合和专业市场为基础，以各区域中大型市场为纽带，以东部地区大型和超大型市场为引领的商品交易市场的网络体系已经形成并处于逐步规范、完善的发展状态。

（二）亿元以上商品交易市场发展现状

在各类众多中小型商品交易市场的基础上，我国市场体系内产生了一批交易额在亿元以上的规模型、具有引领性的商品交易市场。近几年，我国亿元以上商品交易市场的发展现状如下。

1. 数量稳步增长

2008 年以来，我国经济连续遭受到了国际金融危机和欧美债务危机的冲击，商品交易市场快速发展的势头受阻，但依然呈现出平稳发展的态势。从亿元以上商品交易市场的数量来看，2009 年亿元以上商品交易市场有 4687 个，相对 2008 年增加了 120 个；2010 年相对 2009 年又增加了 253 个，达到了 4940 个；2011 年相对 2010 年增加 135 个，达到了 5075 个；2012 年相对 2011 年再次增加 119 个，达到了 5194 个[①]。2000 年以来，我国商品交易市场尽管受到了一些难以预料的冲击和影响，但在经济整体快速发展的大环境下，亿元以上商品交易市场个数年均增加 4.64%，金融危机冲击后年均

---

① 数据来源：《中国商品交易市场统计年鉴》（2013）。

增长 5.03%，商品交易市场整体呈现出平稳强劲的增长态势。亿元以上商品交易市场数量的稳定增长显示出我国经济已经具有了强大的经济基础和较强的生命力及竞争能力。2001 年到 2012 年我国亿元以上商品交易市场的增长情况见图 3。

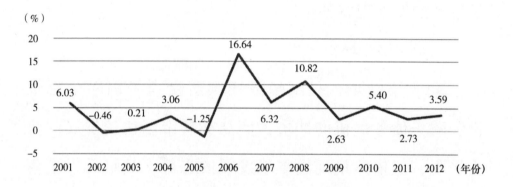

图 3　亿元以上商品交易市场增长率

数据来源：中华人民共和国国家统计局。

2. 市场摊位数持续增加

从市场摊位数来看，2009 年市场摊位数相对 2008 年增加近 15.57 万个，总摊位数近 299.48 万个；2010 年增加近 19.86 万个，总摊位数近 319.34 万个；2011 年增加近 14.14 万个，总摊位数近 333.48 万个；2012 年又增加近 48.45 万个，总摊位数近 381.93 万个。2009—2012 年市场摊位数增长率分别为 5.48%、6.63%、4.43% 和

14.53%。亿元以上商品交易市场摊位数的增加来自两个
方面，一是新增亿元以上商品交易市场的摊位数；二是
原来亿元以上商品交易市场扩张增加的摊位数。总摊位
数的增加在结构上主要来自新增加的亿元以上商品交易
市场的摊位数。2001—2012 年我国亿元以上商品交易市
场摊位数增长情况见图 4。

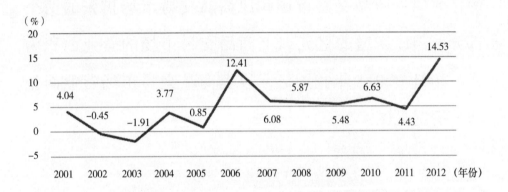

图 4　亿元以上商品交易市场摊位数增长率

数据来源：中华人民共和国国家统计局。

3. 营业面积快速增加

从市场营业面积的角度看，2009 年亿元以上商品交
易市场的营业面积相对 2008 年增加近 2005 万平方米，
达到近 23230.33 万平方米。2010 年相对 2009 年增加近
1601.98 万平方米，市场营业面积近 24832.31 万平方
米。2011 年增加了 1402.19 万平方米，市场营业面积近

26234.50 万平方米。在此基础上，2012 年又增加了近 1664.87 万平方米，总营业面积近 27899.37 万平方米。2009—2012 年，亿元以上商品交易市场营业面积的增长率分别是 9.45%、6.90%、5.65% 和 6.35%。可见，商品交易市场营业面积呈现出平稳较快增长的态势。同样，亿元以上商品交易市场营业面积的增加也是来源于新增的亿元以上商品交易市场和原商品交易市场扩张的两个部分，但以新增的亿元以上商品交易市场的营业面积为主。2001—2011 年我国亿元以上商品交易市场营业面积增长情况见图 5。

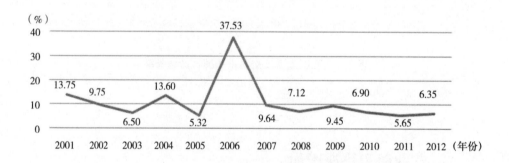

图 5　亿元以上商品交易市场营业面积增长率

数据来源：中华人民共和国国家统计局。

4. 交易额大幅提升

从市场成交额来看，2009 年亿元以上商品交易市场成交额相对 2008 年提高了 5506 亿元，达到了 5.796 万亿元。2010 年在 2009 年的基础上提高了 1.474 万亿元，实现了 7.27 万亿元的成交额。2011 年相对 2010 年增加了 9314 亿元，超过了 8.2 万亿元。2012 年相对 2011 年再次增加 11006.5 亿元，超过了 9.3 万亿元。2009—2012 年，成交额的增长率分别是 10.5%、25.43%、12.81% 和 13.42%，都大于同期国民经济增长的速度。同样，亿元以上商品交易市场成交额的增长也来自两个部分，分别是新增的亿元以上商品交易市场的成交额和原来市场成交额的增加额部分。2001—2012 年我国亿元以上商品交易市场的成交额增长情况见图 6。

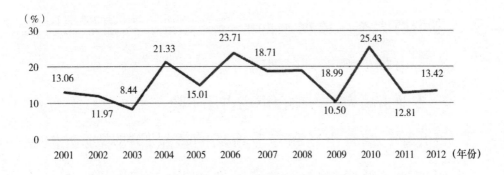

图 6　亿元以上商品交易市场成交额增长率

数据来源：中华人民共和国国家统计局。

整体上，2008 年以来，我国亿元以上商品交易市场无论是市场数量、市场摊位数，还是营业面积和成交额尽管增长率有所放缓，但基本都呈平稳强劲的发展态势。亿元以上商品交易市场个数、摊位数和营业面积的稳定增长说明我国整体市场发展较好，大量小型市场的发展为亿元以上商品交易市场的增加提供了较好的基础，但市场规模扩张的根本动力还是源自内部需求增长引致的市场交易额的不断增加。亿元以上商品交易市场数量的增长也说明了我国的内需基础在不断强化。

（三）亿元以上商品交易市场类型结构现状

商品交易市场按经营方式一般分为综合市场和专业市场；按市场内商品的属性一般分为消费品市场和生产资料市场两大类。依据不同的分类标准，我国亿元以上商品交易市场的结构现状如下。

1. 专业市场为主、综合市场占比下降

近几年，综合市场和专业市场的数量都在增加，但专业市场增加的数量是综合市场的 3 倍左右，致使综合市场占比逐年下降。2009 年，综合市场增加 32 个，专业市场增加 88 个。2010 年，综合市场增加了 61 个，专业市场数目增加了 192 个。2011 年，综合市场增加了 27 个，而专业市场数目增加了 108 个。在多年市场增量的差异下，综

合市场的占比不断下降。2012 年，我国亿元以上商品交易市场的数目是 5194 个，综合市场数量在市场总数量中的占比由 2008 年的 27.33% 降到 26.80%；专业市场占比由 2008 年的 72.67% 提高到了 73.20%。我国亿元以上商品交易市场中综合市场和专业市场的数量结构情况见图 7。

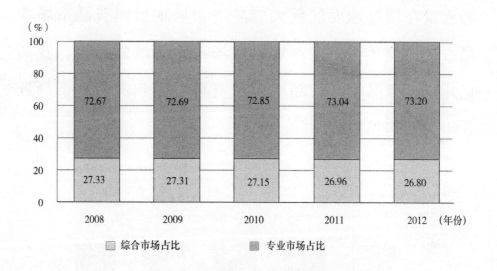

图 7　综合市场与专业市场数量结构

数据来源：中华人民共和国国家统计局。

2. 消费品市场为主、生产资料市场占比下降

近几年，我国亿元以上商品交易市场中生产资料市场和消费品市场数量都不断增加，但消费品市场数量增加更多，每年以三位数的速度增加。2009—2012 年，生产资料市场分别增加了 19 个、43 个、5 个和 -41 个。

同期，消费品市场增加了101个、210个、130个和160个。消费品市场增加的数量明显高于生产资料市场，并且，生产资料市场数量经过前几年的发展，在经济整体放缓的大环境下开始减少，而消费品市场依然增长强劲，显示出良好的发展势头。生产资料市场和消费品市场数量在增加速度的巨大差异下，呈现出消费品市场数量占比持续提高，生产资料市场占比下滑的趋势。我国亿元以上商品交易市场中生产资料市场和消费品市场近几年的结构见图8。

图8　生产资料市场与消费品市场结构

数据来源：中华人民共和国国家统计局。

（四）亿元以上商品交易市场分布现状

商品交易市场的发展与区域经济的发展水平密切相关。在我国经济整体企稳的大背景下，亿元以上商品交易市场的个数、摊位数、营业面积和交易额在整体上都呈现出平稳的增长态势。但是，由于我国经济区域发展不平衡，亿元以上商品交易市场也呈现出区域差异的局面。

1. 区域分布现状："东多西少、东大西小"

2012年，我国亿元以上商品交易市场在东部地区有3125个，占市场总量的62.17%；其总摊位数有2210929个，占总摊位数的57.89%；其年末出租摊位数2027688个，占总出租摊位数的58.03%；其营业面积175464832平方米，占总营业面积的62.89%；其成交额65.43万亿元，占总成交额的70.34%。东北地区亿元以上商品交易市场的个数、摊位数、营业面积和成交额都不足10%，营业面积仅占全国亿元以上商品交易市场营业面积的5.64%。中部地区和西部地区亿元以上商品交易市场的个数、总摊位数和出租摊位数占比相对营业面积和成交额尚可，但依然低于其在国民生产总值中的比例。

我国亿元以上商品交易市场在四大区域中的数量分布情况见图9。

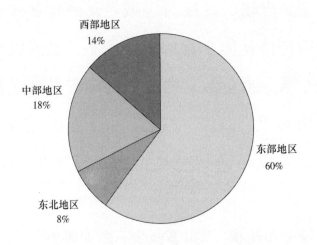

图9　亿元以上商品交易市场区域分布

数据来源：《中国商品交易市场统计年鉴（2013）》。

2. 省域分布现状：差异较大、梯层明显

亿元以上商品交易市场在各省（市、区）之间分布有很大的差异：浙江有764个，山东有569个，江苏有562个，分居前三位。广东、湖南、河北、辽宁、上海、湖北和河南分别以384个、330个、268个、227个、188个、182个、180个分居第四位到第十位。福建、北京、安徽、重庆、四川、黑龙江、江西、广西、天津和新疆等省（市、区）的市场数量处于全国中游水平，其相对市场发育较好的浙江、江苏和山东有着很大的差距，但

相对中西部一些市场发展落后的省（市、区）又有着一定的数量优势。陕西、山西、甘肃、云南、吉林的市场数量都不足 70 个，都属于市场发展较差的省（市、区）。而西藏没有一个亿元以上的商品交易市场；海南有 8 个；青海有 12 个，这三个省（市、区）处于最后三位。宁夏和贵州分别有 31 个和 39 个亿元以上商品交易市场，处于倒数第四位和第五位。可见，由于我国区域间经济发展的不平衡和市场化发展程度的差异，亿元以上商品交易市场在省（市、区）间的分布具有很大的差异性，且呈明显的梯层分布。浙江、山东和江苏的优势非常明显，而西藏、海南和青海处于绝对的劣势地位。我国亿元以上商品交易市场的省（市、区）分布现状见表 1。

由表 1 可见，亿元以上商品交易市场在省（市、区）间的分布与经济发展水平密切相关，呈现出非常明显的省（市、区）梯度。如果把浙江、江苏、山东和上海作为市场发展高水平的第一梯队，把广东、河北、辽宁、重庆、天津、北京、湖南作为市场发展较高水平的第二梯队；把安徽、河南、福建、四川和湖北作为市场发展一般的第三梯队；那么，江西、广西、黑龙江、新疆、云南和内蒙古则是处于培育和待发展的第四梯队；剩下的山西、甘肃、贵州、陕西、宁夏、吉林、青海等则处于待开发状态的第五梯队。

表1　　　　　　　　亿元以上商品交易市场省域分布现状

省份	市场数（个）	占比（％）	省份	市场数（个）	占比（％）	省份	市场数（个）	占比（％）
浙江	764	14.71	福建	161	3.10	内蒙古	71	1.37
山东	569	10.95	北京	143	2.75	吉林	65	1.25
江苏	562	10.82	安徽	143	2.75	云南	56	1.08
广东	384	7.39	重庆	133	2.56	甘肃	46	0.89
湖南	320	6.16	四川	114	2.19	陕西	44	0.85
河北	268	5.16	黑龙江	99	1.91	山西	41	0.79
辽宁	227	4.37	江西	95	1.83	贵州	39	0.75
上海	188	3.62	广西	95	1.83	宁夏	31	0.60
湖北	182	3.50	天津	78	1.50	青海	12	0.23
河南	180	3.47	新疆	76	1.46	海南	8	0.15

四　我国商品交易市场发展的
特点和趋势

近年来，我国商品交易市场加快了转型升级的节奏。特别是进入"十二五"和新一届中央领导上任以来，强化流通体制、完善市场体系，发挥市场在资源配置中的作用、增强经济活力，处理好市场和政府的关系成为当前中国改革面临的方向性问题。习近平总书记 2013 年 7 月 23 日在武汉提出了"进一步形成全国统一的市场体系，要把更好发挥市场在资源配置中的基础性作用作为下一步深化改革的重要取向""进一步增强经济发展活力""进一步提高宏观调控水平，处理好政府和市场的关系""进一步增强社会发展活力"等六个重大问题。可见，作为市场经济载体的商品交易市场将成为未来几年重点发展的重要领域，将进入一个加快发展的政策机遇期和转型升级的新阶段。

（一）我国商品交易市场的发展特点

1. 市场数量众多、多层次共存

我国商品交易市场不但数量众多，而且处于不同发展阶段和管理层次。在全国 64141 个商品交易市场中，各类批零兼营和零售市场有 57142 个，各类批发市场有 6999 个①，亿元以上商品交易市场有 5075 个。各类不同规模的商品交易市场形成多层次共存的局面。在发展水平和管理层次上，表现为马路市场、露天集贸市场、

---

① 数据来源：《商品交易市场概览》。

大棚集贸市场、室内市场、现代商场市场、商贸城市场和国际商贸城市场等不同发展阶段和管理层次并存的局面。整体上，我国商品交易市场呈现出数量众多、规模多样和发展管理水平多层次的特点。

2. 投资运营主体多元，注册登记意愿不强

在开放市场、逐步放宽市场开办准入政策的推动下，市场投资主体已经形成国有、集体、个人和外资等多元投资格局；经营管理也形成了政府、公司法人、合伙企业、个人独资等多元格局。但在投资运营主体多元的背景下，市场注册登记情况并不理想。截至 2011 年年底，已登记注册的市场只占市场总数的 68.96%，市场登记效果不理想；尚有近三分之一的市场并没有进行市场注册登记，处于无照非法经营的状态。

3. 消费品市场比重大、综合市场占比高

依据场内经营商品的属性，我国商品交易市场中消费品市场有 59256 个，占市场总数的 92.38%，是市场的主体；生产资料市场数量较少，只有 4885 个，占市场总数的比例只有 7.62%。依据市场内经营商品的品类，我国商品交易市场中综合市场有 50336 个，占市场总数的 78.48%；专业市场只有 13805 个，占比为 21.52%。在

分类结构上，我国商品交易市场呈现出消费品市场比重大、综合市场占比高的结构特点。

4. "东多西少、东强西弱"

商品交易市场的发展是区域经济、产业结构和经济社会市场化程度和水平的反映。在我国经济发展区域不平衡的现实背景下，我国商品交易市场的发展也呈现出区域分布不平衡，具有"东多西少、东强西弱"的区域特征。东部地区市场数量有 29319 个[①]，占比为 45.71%。在亿元以上商品交易市场中，东部地区亿元以上商品交易市场的成交额在全国高达 70.14%[②]，浙江一个省就超过了西部 12 个省区的市场总数，成交额就超过了中部地区六省成交额的总和。江苏和山东两个省的市场数量大大超过了中部六个省市场数量的总和。可见，我国商品交易市场的区域发展不论是市场数量还是交易额都极度不平衡，呈现出"东多西少、东强西弱"的显著特征。

5. 管理理念转变、服务规范提升

我国商品交易市场管理理念转变和服务规范提升

---

① 数据来源：《商品交易市场概览》（2013）。
② 数据来源：依据《中国商品交易市场统计年鉴》（2013）整理。

主要体现在亿元以上规模市场为代表的市场强化和规范化服务管理，提升对市场核心竞争力的打造上。首先，在管理理念上，以义乌小商品城、中国轻纺城、常熟服装城等为代表的品牌市场已经摒弃了简单、粗放式管理模式，实现了由市场管理向综合服务的提升和转变。其次，在管理方式上，实现了规范、有序、专业化和系统化。商品交易市场在大力改造市场基础设施、改善市场经营硬件环境的同时，对市场管理服务规范、条例、细则等经营软环境也在不断细化，并且正在通过与产业、仓储、现代物流、会展等全程产业链中各环节的融合，全力打造市场交易全程产业链服务的市场核心竞争力。管理理念的转变和市场服务内容的提升正在成为我国现代商品交易市场转型升级的主要内容和发展方向。

6. 信息技术广泛应用：实体和虚拟、线下和线上融合发展

面对信息技术、电子商务新模式的冲击，我国实体商品交易市场在经历了不屑、关注、思考的阶段后，经过慎重分析也先后开始了实体市场和虚拟市场相结合的痛苦磨合过程。之所以说电子商务对传统市场管理者来说是痛苦的折磨，是因为电子商务对传统市场管理者来说完全是一种新事物，是一头闯进瓷器店的大象，但电子商务对他们来说因为没有实体，又感受不到，因此，让传统市场管理者接受这种虚拟的东西似乎很难想象。但是，市场是无情的，冲击是无奈的，为了在市场大潮中不被淘汰，不做失败者，必然要面对具有较强生命力和竞争力的电子商务。目前，我国很多实体市场已经开始主动试水电子商务、启动了在线业务，像义乌购、中国茧丝绸、浙江塑料网上交易市场、我的钢铁网、临沂小商品城等都实施了线上和线下相结合的市场发展战略。据初步调查分析，截至 2011 年年底，我国知名市场基本都开通了以自己实体市场为依托的网上交易市场，并且，网上交易市场发展迅猛，势头良好，有的网上市场成交额已经超过了实体市场。总之，我国商品交易市场在实体市场平稳发展的同时也呈现出实体市场和虚拟市场相结合的发展势头。

（二）我国商品交易市场的发展趋势

2008 年以来，在内外多种力量的作用下，我国经济增速放缓，特别是新一届政府及时审时度势主动降低了经济增长的目标。在经济增速放缓、加快发展方式转变和经济结构调整的内部大背景下，我国商品交易市场在规模化、高效化发展的同时，加快了转型升级的步伐，呈现出以下发展趋势：

1. 市场发展稳健，专业化趋势明显

我国商品交易市场发展稳健的基础是国内相对稳定的经济环境和数量庞大的各类规模较小的市场。在众多小规模市场的支撑下，孕育出了一批亿元以上规模的商品交易市场，主要表现为亿元以上规模的商品交易市场的数目持续增加。这一方面显示出我国商品交易市场与我国经济发展相适应，符合我国经济社会发展的需要。另一方面，也证明我国商品交易市场具有较强的竞争力和生命力，整体呈现出了良好的发展势头。不可否认，我国商品交易市场为我国经济的快速企稳做出了突出的贡献。

在我国商品交易市场整体竞争力增强和发展势头稳健的同时，在市场内部结构上又表现出亿元以上商品交易市场中专业市场发展快于综合市场，呈现专业化的趋势。具体来看，在 2008 年年底，综合市场有 1248 个，专业市场有 3316 个，分别占亿元以上的商品交易市场总

数的 27.33% 和 72.67%。2009 年，综合市场新增了 32 个，而专业市场新增了 88 个；2010 年，综合市场新增 61 个，而专业市场新增了 192 个；2011 年，综合市场新增 27 个，而专业市场增加了 108 个；2012 年综合市场新增 24 个，专业市场新增 95 个[①]。通过对比，可以发现专业市场新增数目远远大于综合市场，基本是新增综合市场的 3 倍。可见，我国商品交易市场具有专业化发展的趋势。

2. 市场规模化和高效化

我国商品交易市场在快速稳健发展的同时呈现出规模化和高效化的特征。在规模化方面表现为亿元以上商品交易市场总数量的增加、摊位数的增加、成交额的增长，以及亿元以上商品交易市场平均摊位数的增加、市场平均营业面积的增加以及摊位平均营业面积的扩大。在高效化方面表现为亿元以上的商品交易市场总成交额增长，市场平均成交额增长和市场单位面积成交额增长。亿元以上的商品交易市场总数的增加意味着我国的商品交易市场规模化趋势明显；而市场的摊位数大幅增加，

---

① 数据来源：《中国商品交易市场统计年鉴》（2013）。

为商品交易市场规模扩大提供了支撑；成交额的大幅增长为市场规模化提供了市场容量的基本性支撑，同时也为市场规模化扩张提供了动力支持。与亿元以上商品交易市场的总量规模相一致，单个商品交易市场的摊位数、营业面积和成交额也都显示出了规模化和高效化的发展趋势。

3. 市场综合功能提升强化

市场已经逐步成为我国经济资源配置的决定性经济组织形式。商品交易市场的商品集散、价格形成、规模经济、范围经济以及信息传递和商品配送的功能逐步得到增强。商品交易市场的运行主体，即我国限额以上的批零企业数目、从业人员和销售额等均快速增长为商品交易市场的发展提供了经营主体的基础。从亿元以上商品交易市场的个数、摊位数、营业面积及成交额的角度看，市场数目的大量增加是我国众多商品交易市场产生和扩张的综合反映。因此，伴随中国特色社会主义市场经济体制的逐步完善，特别是十八大以来，在政府强化市场配置资源功能、激活内部市场的条件下，我国的商品交易市场的发展速度将进一步加快。

伴随商品交易市场数目的快速增加和规模的扩张，

我国商品交易市场在硬件基础设施改善提升、商品集散、价格形成功能增强的同时，商品交易市场的服务意识不断强化、管理规章措施逐步完善、运营的规范化程度快速提升，分拣、配送、物流、信息传递功能得到提升和强化，商品交易市场的诚信和品牌打造的意识在增强。整体上综合表现为商品交易市场的综合服务功能进一步完善、提升和强化。

4. 市场与产业相互促进，产业链竞争力提升

随着市场辐射范围的扩张、市场知名度的提高、经营环境不断改善和市场成交额的持续稳定增长，市场对产业发展的带动效应不断增强。越来越多的商品交易市场经营者战略管理理念增强，意识到商品交易市场的社会责任和市场对产业带动及提升的功能，逐步建立了商品交易市场和经营商户以及生产企业战略合作关系，以打造强化产业链的竞争力。他们之间通过多种形式的战略合作方式共同开辟和培育商品品牌、打造知名企业品牌和商品交易市场品牌，相互之间逐步形成了休戚与共、共同发展的亲密合作关系。商品交易市场、商户和生产企业之间呈现出产业链之间相互融合发展，增加产业链价值的合作和融合的趋势。与此相反，在产业链价值较短的省份，譬如广东省很多企业都是出口外向型的生产模式，由于产业融合度不够，尽管经济整体位居全国第一，但亿元以上商品交易市场无论是数量还是交易额都进不了我国商品交易市场的前三强。而商品交易市场发展较好的浙江、江苏和山东都有产业支撑，具有产业价值链长、生产和市场相互促进和融合的趋势。

5. 信息化进程加快，实体和网络市场融合

伴随信息技术的日益成熟、互联网应用的普及和人们购物行为、消费习惯的改变，在电子商务迅猛发展和网络虚拟市场平台的冲击下，我国传统商品交易市场对信息技术应用日益重视，商品交易市场的信息化进程加快。商品交易市场的信息化主要表现在商品信息获取方式、交易方式、结算方式和商品配送方式等交易过程的各个环节上。譬如，现在很多商品交易市场在商品价格信息上开始对市场内商品的交易价格进行提取、分析并予以公开发布。市场内部启动电子计算系统，在交易支付方式上逐步摒弃了现金、现货的单一交易方式，开始向电话或网上下单，货到付款或先付款后发货以及市场担保下付款和发货同时进行，客户收到货物确认无误后，担保支付平台再划账等多种交易支付方式转变。在货物配送方式上，改变了客户提货方式，采用了现代化第三方物流的配送、客户可以随时查看货物配送状态的物流模式。

在商品交易市场推进商品交易过程信息化的同时，众多实体市场也都依托实体市场，利用信息和互联网技术搭建了自己的网上市场，启动了信息发布、商品展示、订单交易、资金交割以及物流配送的相关功能。我国商品交易市场在信息化深化的同时，呈现出线上和线下相结合的发展模式。

（三）我国商品交易市场的历史地位和未来作用

1. 我国商品交易市场的历史地位

商品交易市场是技术进步、社会分工和经济发展的必然产物，是在自由交换的基础上依据价格机制自主调节，促进商品快速聚散的交易组织形式。商品交易市场是市场经济体系的重要组成部分，具有价格形成、引导生产、衔接零售、促进消费、繁荣经济、促进经济增长的功能。我国商品交易市场整体起步较晚，基础较差，但发展较快。1978年以来，伴随改革的推进、政策的调整和经济的快速发展，我国商品交易市场已经由基于初始形态的城乡集贸市场发展到了多层次、复杂化的现代立体式市场结构，成为我国商品流通核心环节和经济顺利、平稳运行的中枢，并且在拓展国际市场方面发挥了重要的作用。30多年来，商品交易市场是与我国生产技术水平不高、生产规模相对较小、地域广阔的国情相适应的商品流通节点和重要渠道形式，为我国"小生产、大流通"的经济运行模式和经济的快速发展做出了不可替代、无法磨灭的贡献。商品交易市场获得了"建一个市场、带一批产业、活一片经济、富一方群众"的高度评价。

2. 我国商品交易市场的未来作用

近年来，随着信息技术和网络应用的日益普及，特别是电子商务的迅猛发展和网络市场的快速兴起，学界、政界和实业界都出现了网络市场代替实体商品交易市场或者实体商品交易市场前景堪忧的忧虑和担心。但是，2008年到2012年间的事实表明：在网络市场快速发展的同时，实体商品交易市场的市场数量、市场摊位数和市场交易规模都呈增加趋势，绝大多数实体商品交易市场并没有因网络市场的快速发展而萎缩。这说明，网络市场与实体市场并不是简单的相互替代关系，相反，相互间可能还存在一定的互补关系。仔细研究网络市场和实体市场的运营方式和经营内容可以发现：目前，网络市场主要是以面向终端消费者零售方式的 B2C 和 C2C 模式为主，而商品交易市场是以面向批发商、零售商及消费者的批零模式为主。它们相互间存在一定的替代关系，但也存在一定的互补关系，究竟是替代关系大于互补关系还是互补关系大于替代关系还有待实践验证。事实上，网络市场和实体市场的关系是在信息技术推动下的商业模式内部分工合作的体现。现实中，线上线下融合模式的诉求、探讨和实践就是商业分工合作理论和商业模式结构提升的最好备注。因而，我们认为网络市场的出现是商业模式的一次新的革命，是与实体商品交易市场共存共生的一种新型的市场运营模式，也是推进传统市场提升、提高运营效率的重要动力。总之，实体商品交易市场将依然长期存在，并在市场经济体系中占有重要的地位，只是其运营模式将会不断提升，运营效率将不断提高，将会以信息技术为基础进行改造升级并在经济运行中更好地发挥其价格形成、引导生产、促进消费的功能。

五 我国商品交易市场发展存在的问题

（一）宏观及监管问题

1. 市场概念不清、属性不明

什么是市场，市场是一个场所，一个企业；还是一个平台，一个载体；还是具有社会公众性的特殊经济组织形式？目前，国内对市场概念还没有明确、权威、统一的界定。在概念都还没有统一、明确的情况下，各界对这种特殊经济组织形式的属性认识更加不明确。市场举办方到底是以经济性为主，还是以社会性为主？是应该强调营利性，还是应该突出公益性？在市场载体的社会性与经济性以及营利性和公益性之间如何平衡？特别是农贸市场，它与民生息息相关，直接涉及百姓日常生活和食品消费安全。如果市场举办方在属性上是经济性和营利性为主，它就应该是一般的独立的企业法人主体，政府只需要按照一般企业进行管理。如果市场平台是具有社会性和公益性的经济组织形式，必然需要政府对市场建设进行规划，对市场设置和开办设定开办条件和准入门槛；必然需要政府加强监管，维护市场开办和交易秩序。由于没有清晰、权威的市场概念，造成对市场构成各主体，特别是举办主体属性认识的模糊，进而引致政府与市场举办方、举办方与经营者相互之间职责权限边界模糊。

2. 权力干预、规划无效

在"搞活市场、活跃经济、带动地方经济发展"思想的影响下，各地方政府均存在招商引资的动力和压力。在市场建设方面，很多地方的市场都不是依据实际需求和规划来开办，而是由政府权力干预，取决于领导意志或政绩工程需要。市场开办也多随着政府领导的调整而改变，各地均存在本届不遵守上一届规划，下一届将本届规划推倒重来的问题，致使市场建设规划有效性下降，市场建设规划实际缺失。各地把这种现象形象地说成"换一届市长就换一批市场，市长走市场变"。同时，由于政府间招商引资竞争和领导权力干涉，各地市场开办门槛较低，开办随意性较强，致使市场重复建设严重，基本处于无序状态；进而致使市场间恶性竞争不断、空壳市场和僵死市场出现，市场秩序处于混乱状态。权力干涉、规划实际失效引致的市场重复建设不但浪费社会资源，还造成了市场间无序竞争和市场秩序混乱，导致各类交易问题和矛盾突出，甚至引发一些群体性事件，给社会造成不良影响。

3. 开办无标准、经营无资质

商品交易市场是多主体聚集的公众交易场所，具有平台性、社会性、公益性和经济性，是一种特殊的社会经济组织形式；因而，市场开办需要满足一定的场所条件、基础设施硬件、配套设施要求，以及管理、服务、维护市场秩序能力等软件标准。也就是说，鉴于市场的特殊性，市场开办需要准入门槛和退出的标准和机制。满足市场开办条件和标准才能开办市场，达不到标准要求就需要清理退出。目前，在我国还没有市场开办标准，市场开办准入门槛低、没有退出机制。在这种情况下，出现大量无证无照市场，对这些市场监管和取缔都很难。甚至产生没有市场经营管理能力和意愿的地产商通过商业地产开发、卖商铺盈利，以致市场开发过度，市场间恶性竞争，给当地商业秩序制造混乱。在市场开办建设标准缺失的情况下，对市场开办、管理资质也没有要求，整体上市场开办和经营管理处于无门槛的状态。一些没有市场管理经验或管理能力的单位和个人也开办市场，以致市场的营利性增强，社会性、公益性弱化，市场举办方责任弱化，而这些市场管理能力不足的举办方也很难落实其管理责任。受无证无照市场、商业地产市场和管理混乱的影响和冲击，市场秩序较为混乱。

4. 市场遍地开花、无照经营严重

在市场开办标准缺失、经营资质无门槛的情况下，全国各地各类经营主体相继开办各类不同层次的商品交易市场，马路市场、大棚市场、室内市场和现代商场遍地开花。截至 2011 年年底，全国各类市场有 64141 个，其中批发市场 6999 个，各层次批零市场 57142 个，可谓市场数量庞大。但从市场注册登记情况看，已登记注册的市场只有 44229 个，不到市场总数的 70%，还有近两万个市场因无法满足注册登记条件而没有进行市场登记，处于非法的经营状态。消费品市场登记状态相对生产资料市场更加不理想。大量无照经营市场的存在一方面给正常经营市场带来冲击；另一方面存在交易环境差、交易秩序混乱，商品质量无法保证，伤害消费者的潜在隐患，给政府市场监管带来麻烦。与此同时，依附正规市场而设立的无证市场、马路市场、街边商铺、游商游贩等不但阻碍市场周边交通、影响居民生活，也对市场经营产生不良冲击，成为市场正常发展的久治不愈的顽疾。

5. 法律地位不明、主体责任不清

党的十八届三中全会强调：建设法治中国，必须坚持依法治国、依法执政、依法行政共同推进，坚持法治国家、法治政府、法治社会一体建设。十八届四中全会首次确定"依法治国"作为会议主题，审议并通过了《中共中央关于全面推进依法治国若干重大问题的决定》，提出"全面推进依法治国，总目标是建设中国特色社会主义法治体系，建设社会主义法治国家"。这既是对我党法治思想、法治实践的总结，更将掀开"全面推进依法治国"的崭新一页。

随着社会主义市场经济体系的逐步完善和发展，商品交易市场主体的法律地位要求日益凸显。但伴随《行政许可法（2004）》的颁布，《商品交易市场登记管理条例》随之废止。《商品交易市场登记管理条例》废止后，全国范围内没有了统一的商品交易市场概念，关于商品交易市场登记管理的法律法规也处于真空地带，市场举办主体的法律地位随之丧失。由于不具备法定主体资格，市场举办主体也失去了独立承担民事责任和享有法定权利的主体能力，举办主体责任处于模糊状态。近年来，尽管工商部门努力推进商品交易市场企业法人登记，试图以企业法人的形式明确举办主体的法人地位；但是，由于国内市场开办主体复杂，市场开办形式不一，再加上各区域间甚至区域内不同类型的市场发展阶段和水平存在很大的差异，对举办主体的企业法人登记并不理想。另外，鉴于市场概念不统一以及对市场属性的认识不清，致使政府与市场举办方及经营主体的职责边界不清，市场举办方和经营主体责任不明确，即使不尽责也没有相应处罚，进而造成市场举办方和经营主体责任意识淡薄，形成市场举办方和经营方与政府相互指责和抱怨的局面。如很多地方都存在工商部门抱怨市场举办方或经营管理方只收费不管理、不履责，场内商户经营出了问题只是处罚商户，举办方不承担管理连带责任，也无法处罚举办方或经营管理方。同时，市场举办方或经营管理方抱怨政府多头管理，多部门进入市场检查，影响市场正常经营，而能够给市场提供的服务不足。

6. 地方保护盛行、政企关系不顺

商品交易市场具有"活流通、促发展、繁荣经济"的效用，政府开始重视商品交易市场的建设和发展。各地政府为了促进本地商品交易市场和经济的发展，相互

间采用土地使用优惠、财政补贴、税费减免或优惠等政策措施展开激烈的竞争，致使地方保护政策盛行，相邻区域间商品交易市场恶性竞争，成为商品统一大市场形成、提高市场辐射、增加市场规模效应和提高市场效率、促进市场发展的桎梏。譬如，江苏南通中国叠石桥国际家纺城和中国南通家纺城都是 500 亿元左右的家纺市场，只是以一条马路为行政边界，在地理上完全相邻，但只因分别隶属海门市和通州区两个不同的县级行政区域，由于地方保护，造成各自为政、恶性竞争，甚至相连的道路都被人为阻隔，不利于促进南通家纺产业良性发展，向外拓展受阻。

在地方保护盛行的同时，很多地方政府过度干涉市场运营、政企关系不顺的问题也比较突出。如义乌商品交易市场，义乌市政府不但负责市场发展的战略规划，还直接负责市场主要经营管理人员，包括市场董事长、董事及高级经理人员的任免以及市场的主要投资、经营、拓展方案和措施的决策、执行和推进。义乌商城对此也有意见，认为政府对市场管理运营参与过多，致使市场管理者运营决策中束手束脚。浙江相关领导也表示，义乌市场的成功经验源于政府主导，但教训也源于政府的过度干预。实际上，政企关系不顺的原因是对政企的委托—代理关系认识不到位，政府依然抱有保姆思想、政绩思想。

7. 多头管理、推诿扯皮

商品交易市场管理涉及卫生、消防、质检、工商、商务、城管、交通、公安等部门，具有多部门综合管理的特性。按照相应规定，各职能部门应该各司其职、各履其责、相互配合，共同维护好市场的交易环境和交易秩序。但是，各部门由于履职能力、履职积极性或者履职意识的差异，再加上部门间衔接协调不顺，往往出现"遇到好处争功、遇到责任推卸"的"多头管理就是无管理"推诿扯皮的局面。譬如，就出现消防部门检查出消防隐患后，给工商部门发函要求工商部门督促整改的现象。各地"创卫"也出现工商部门负责市场卫生，到农贸市场收拾垃圾、打扫卫生的情况。产品质量不合格，质监部门缺位；工商部门抽检任务重，没有检测能力的问题，质量检测结果标准不统一问题，如湖北省的地方工商部门反映，在一起案件中，工商部门委托检测一起塑料制品的结果不合格，但质监部门提供的监测结果是合格，致使执法部门无从选择；广告发布审批属城管，查处属工商，二者标准不统一；市场周边交通秩序拥堵、混乱，交通部门不作为，治理无力的问题等。

在多头管理的情况下，商品交易市场还要面临各部门的不断检查，很多市场都反映政府不同部门的检查太多，每个月都要迎接不同部门的专项或综合检查，过多的市场检查影响市场的正常经营，不利于市场的发展，也很难解决市场的实际问题，但是，作为商品交易市场的举办方，又不敢得罪任何一个部门。对于政府管理部门，即使它们不作为，相互推诿扯皮，商品交易市场举办方也要笑脸相迎。因而，商品交易市场面临的多头管理、推诿扯皮问题也是其发展过程中面临的一个严峻的问题。

8. 配套服务不足、外迁压力较大

经过30多年的发展，全国范围内大量的商品交易市场基础设施依然比较落后，有的十几年甚至二十几年的市场设施依然在使用；配套服务设施和综合服务能力不足，特别是现代批发交易中心、物流中心、配送中心和现代仓储建设等基础设施发展缓慢。目前，只有不到10%的商品交易市场随着经济的发展，按照现代化流通方式的要求实现了不断升级，比如义乌中国小商品城、

中国叠石桥家纺城、深圳海吉星等一些知名市场。大部分市场依然处于大棚市场、室内市场等国内市场发展的第一或第二阶段，市场整体硬件配套服务及能力不足。在软件方面，绝大多数商品交易市场仍然以传统的"摊位制"和"三现"交易为主，以信息技术为基础的"展示体验制"和"电子结算"交易方式还没有推广和普及。尽管这些现代化的交易模式可以极大地方便交易、减少交易费用，节约交易时间，提高市场运行效率，相对传统交易模式有着不能比拟的优势，但目前受制于市场的发展水平，使用者少之又少。

伴随城镇化的快速发展和大城市的快速扩张，一些原来位于大城市城乡接合部的市场已经发展成为市区繁华地带。受行业性质影响，商品交易市场往往位于交通便利、人流量大的地方。由于市场最初设计和当前市场配套服务能力的不足，给当地交通带来了很大的压力，弱化了所在地城市发展的功能。在此背景下，很多大中城市推出了商品交易市场外迁的政策，中心城区的商品交易市场外迁在全国范围内成为一种趋势。但是，商品交易市场外迁能否成功存在极大的不确定性，且全国范围内鲜有成功的案例。不仅市场本身不愿外迁，市场内经营户同样不愿搬迁，处理不好反而容易造成群体性事件，不利于社会和谐稳定。比如，湖北武汉市从 2011 年开始投入近 400 亿元对汉正街市场进行整体改造，计划用 3 年时间整体搬迁至相距 20 公里的黄陂区汉口北市场。时至今日，汉口北市场客流量的稀少，配套设施的不完善以及各方面利益的冲突，让汉正街远迁汉口北的日程充满了不确定性。这样，商品交易市场由于配套支持和服务能力不足面临升级的同时，还面临迁出中心城区的政策压力。

9. 国际商贸巨头竞争、新兴业态冲击

加入 WTO 以后，国际商贸巨头纷纷抢占中国市场，本土商品交易市场面临国际巨头的竞争压力。2012 年外资和港澳台资批发企业数量达到 3588 个，占全国批发业企业总数的 5%，但是资产却高达 15898.6 亿元，占全国批发业总资产的 12.5%；商品销售额达到了 40702.7 亿元，占全国批发业总销售额的 12.4%。从资本利润率看，2012 年外资和港澳台资批发企业的人均主营业务利润高达 714758 元，特别是外资企业更是高达 919756 元，远远超过全国人均 424730 元的水平，达到行业人均利润的 2 倍多。尽管人均利润较 2007 年

的 3 倍有所缩小，但是依然差距明显。如果保持如此高的利润率，在国内的扩张就成为企业必然的战略。比如，世界排名第三的零售批发超市集团麦德龙自 1995 年进入中国市场后，迅速向外扩展，截至 2013 年 7 月，麦德龙在中国的 39 个城市共有 58 家分店，并且开始着力布局中西部地区，已经在重庆、成都、昆明、南昌、西安、银川等地成立分店。麦德龙的商品种类超过 20000 种，大部分由国内名牌企业和合资企业提供，主要面向中小型零售商、酒店、餐饮业、工厂、企事业单位、政府和团体等专业客户。

在面临来自国际商贸巨头的竞争压力的同时，商品交易市场的发展还承受着来自基于信息技术的网络市场、电子商务、物流中心、连锁经营、购物中心、连锁超市、综合购物中心、仓储式购物中心、大型综合超市、超市连锁店、专门店、专卖店、便利店、电子商务、O2O 等现代或新兴商业模式的冲击。企业连锁直销、分销、代理将替代逐级批发的流通方式，品牌化的营销必然导致代理制、连锁分销式代替批发模式。因此，有形批发市场随着时间的推移必将弱化，发展趋势会逐步走向品牌集聚营销、区域性市场、少量批发和零售市场、旅游购物式市场等，或者转向新兴业态，如何应对这种趋势是我国商品交易市场面临的严峻课题。

10. 区域差异大、水平参差不齐

从全国范围来看，由于区域经济发展的水平不同以及地方政府商业政策的差异，我国商品交易市场在区域分布上表现出巨大的区域差异，表现为东部沿海地区市场数量多、规模大、交易额高、现代化水平高、市场交易活跃，整体比较繁荣。中西部虽然取得了一定的发展，也产生了一些区域性的中心市场，但绝大多数处于市场发展的较低阶段，以大棚市场、初级室内市场的形式存在，多数处于商品交易市场的第一代和第二代或者第三代市场的水平，而东部市场已经发展到了第六代，呈现出了巨大的差异性。从商品交易市场的发展水平的阶段来看，现代化的商场式市场和商业中心及国际商业中心式市场不到10%，占比较少；绝大多数处于马路市场、露天集贸市场、大棚集贸市场、初级室内市场的发展阶段，一部分处于室内市场、商场市场的中间发展形态。整体上，我国商品交易市场发展不但区域差异大，而且各种发展层次的市场共存，发展水平参差不齐。这种商

品交易市场发展的地域差异性和水平的多样性，造成我国商品交易市场发展的复杂性和多样性，单一的市场发展政策难以起到有效的促进作用。

11. 中间组织涣散、行业自律不强

中间组织是联结政府、市场和企业的组织形式，对政府政策和行业发展具有上传下达，并按照行业发展需要制定行业规范、促进行业自律的功能。在市场经济条件下，中间组织不可缺失。随着我国社会主义市场经济的逐步完善，政府简政放权执政方向的确立，在政府和市场边界的模糊地带需要中间组织来承担，实现政府和市场的无缝隙衔接，促进市场经济体系的完善和社会的繁荣发展。因而，行业协会型的中间组织是市场经济条件下必不可少的经济运行环节。在我国，商品交易市场对经济发展和社会稳定发挥着重要作用，目前却没有一个全国性的行业协会组织来统领行业的规范，促进行业自律。有的地方政府在工商部门支持的基础上，成立了市场协会，但是，由于不作为或者政府干涉过多，基本成为摆设，处于无效运行的状态；有的根本没有成立市场协会，甚至有的已经成立市场协会的省份在职能转变的政策要求下，为了

各自不同的目的正在取消市场协会。这样，在全国范围内市场协会绝大部分处于不作为状态，更无法履行行业规范和行业自律的职能。整体上，商品交易市场行业表现为中间组织涣散、行业自律职能不强。在商品交易市场内部，很多市场没有商会组织，而有商会组织的市场因缺乏相应的支持，既无力维权，也无法承担市场内行业自律的职能。因而，我国商品交易市场没有全国性的市场协会、各级地方市场协会组织涣散、行业自律功能不强既是我国商品交易市场发展面临的一个重要的问题，也是政府放权后，市场能否稳而不乱、能否健康良性发展的一个重要问题。

（二）市场举办方管理问题

1. 产权混乱、统一管理困难

伴随市场开办方式的多元化和市场主体的多元化，我国商品交易市场举办主体属性已经形成国有、集体和私人多元化格局；同时出现市场内摊位产权自有、租赁、转租结构的复杂化。政府、集体出于各种原因采取联合开发的形式，或者公司或私人企业采取摊位或店铺出售的形式开办市场，形成市场内摊位产权结构复杂化的现状。在市场内摊位多种产权结构的情况下，市场管理很难统一，划行归市非常困难，带来了市场管理的两难困境：管，个人产权所有者不听，也不服从管理；不管，市场环境差、秩序混乱，政府不满、消费者有意见，市场很难提升。比如，江苏徐州的宣武市场，部分摊位因为产权和管理权分离，划行归市都无法推行，在运营中产生的经营硬件、消防设施更新维护费用无法分摊，只能由市场经营方支付，双方矛盾严重。再比如，宁夏吴忠青龙峡商城是政府划拨土地，经营户集资建市场，市场临街或外围商铺卖给个人，政府负责场内中心区域经营。目前市场存在严重消防隐患、市场顶部到处漏水，再加上市场周边游商游贩占道经营，场内经营环境恶劣。与管理者李主任座谈，他表示管理非常困难，个人商铺不服管，物业费也不交，更不用说管理费了；场外游贩管不了，强行管理就会发生武力冲突，已经发生了多次场内商户与街边商户打架斗殴的问题。

2. 守法意识淡薄、履责意愿弱

在市场开办没有准入门槛的条件下，市场举办方不学法、不知法、不懂法，守法意识淡薄。即使违反了相关法律规定，由于不知法、不懂法，只要不出事，不被查处，就认为没有问题，因而市场经营管理随意性较强，蕴含的风险较大。同样，在市场协会组织涣散、缺乏行业自律能力的情况下，市场开办经营没有标准和自律规范。哪怕市场经营不符合行业规范，由于缺乏行业组织自律和惩罚机制，只要不出大事就很难查处，形成经营管理水平低、经营风险较高的市场经营管理现状。譬如：在市场登记取消后，市场举办方随意改变市场结构、改变市场摊位情况，不向工商、消防、规划等部门备案。对入场经营者资质也不审核，造成场内无照经营；对经营户发布的信息也不管理，形成信息真假混杂的局面。

由于市场的法定主体地位和权责的不明确与经营逐利意愿较强，市场经营管理在社会性与营利性之间更多地倾向于营利，忽视了应负的社会责任和管理规范的责任。市场经营管理部门在营利需求的主导下，对场内经营户的资质审查、把关不严，对场内经营行为管理不到位，对场内经营商品的质量缺乏监管，只收摊位费和管理费，并不履行管理职责，将市场管理推给政府部门。市场内经营户出了问题，责任全部由经营户承担，市场举办方不承担相应的管理责任和连带责任。举办方和经营者整体履责意识和履责意愿都不强。

3. 管理能力不足、配套设施滞后

在全国范围内，大部分市场都还是采用传统的摊位出租、收取摊位费和管理费的物业管理模式；现代管理服务意识不强，绝大多数市场管理都没有提供综合服务增值的能力，也没有高素质的管理团队和规范化、标准化的管理理念，更没有提供增值服务、引导场内经营户提升的意识和能力。另外，市场举办方也缺乏相应的研发投入，无论是管理还是创新服务的能力明显不足，未能推动市场提升和场内品牌产业聚集，也无法形成品牌积聚效应。整体上，国内市场举办方的市场管理能力普遍不足。同时，由于很多市场始建于20世纪80年代或90年代，受当时建设条件的限制和市场快速发展的影响，大部分市场的基础设施和配套设施已经非常滞后，譬如：市场布局不合理、设施陈旧老化等。特别是位于城市主城区的市场，尽管在建设时对基础设施、配套设施做了一定的超前规划，但相对现在市场交易的需求已经显得非常滞后，产生了交易环境差、消防隐患严重、

排污困难、场外摊点多、停车难、交通堵塞等众多现实问题。

4. 品牌意识不强、产业支撑不强

我国大多数商品交易市场都处于中低端经营状态，缺乏品牌经营意识，场内品牌商品少，市场知名度低，市场提升困难。譬如，义乌市场国内第一，国际知名；可是因义乌商品是低端商品，义乌市场也就成了低端商品市场的代名词。再如义乌某知名袜子生产企业，由于"贴牌"加工环节把关不严，产品质量越来越差，沦为"地摊货品牌"。近几年，一些知名规模市场已经意识到品牌的重要性，开始投入大量的人力和物力，积极打造和培育市场品牌及场内商品品牌。比如，广州红棉国际时装城在加强对硬件设施进行升级改造的同时，大力促进思想观念的转型与改变，通过创新升级与品牌建设，在树立自身品牌的同时，努力打造"时尚品牌孵化基地"。但在全国范围内，绝大多数市场的品牌意识并不强，依然处于追求规模和利润的状态，真正大力实施推进品牌战略的市场仍然是极少数，而且品牌战略是一项长期工作，任重而道远。

商品交易市场的形成和发展不但需要资本投入建

设基础设施，需要人力资本投入搭建管理团队，更需要为市场的发展和繁荣提供支撑的产业基础；产业支撑是市场长期稳定繁荣的根本保证。也许一些市场利用交通或地理之便的优势能够迅速形成和发展起来，但更多的市场是有产业基础的市场。近年来，伴随房地产业的高速发展，房地产投资成为挣钱的快速通道。很多地方都出现了实体产业空心化，纷纷转向房地产，出现实体产业不强、市场产业支撑软化的局面。另外，伴随我国区域产业结构调整，东部地区的一些产业逐步向中西部转移，也对东部地区市场的产业支撑形成冲击。目前本地实体产业的支撑能力也在弱化。另外，商品交易市场经营管理的主要职责是市场内部的摊位管理、综合管理和服务提供，实际上多数经营状况较好的市场都存在炒作摊位的食利现象，即使是知名的义乌小商品批发市场，摊位炒作等食利现象也无法遏止。

5. 不掌握消费大趋势、信息技术应用能力低

伴随经济增长，居民收入增加和人口结构的变化，消费者的消费能力、消费动机、消费行为和对产品的消费需求都在发生变化，整体上处于质量意识、品牌

意识、个性化需求提高的消费结构调整和消费升级的阶段。特别是在互联网环境下成长起来的"80后""90后"正在成长为消费的中坚力量，他们的消费动机、消费行为和消费习惯正在引领我国消费变动的趋势。同时，随着老龄人口的增加，老年的消费观念和习惯也在调整。在此背景下，商品交易市场经营管理方由于研究投入较少，与学术界合作不够紧密，对消费趋势的把握有限，引导场内经营的能力也有限，只是在被动跟随市场的调整，缺乏先见性和引领性。

信息技术的成熟和网络应用的普及已经将我们带入信息时代；信息获取、信息分析、信息提炼和信息传播已经成为这个时代的必然要求，信息就是财富成为这个时代的显著特征。我国绝大多数商品交易市场信息技术应用水平较低，都还是采用传统的人员现场管理模式，提供现代信息服务的能力很低，与信息时代管理信息化的要求差距较大。在受到新兴电子商务和网络市场的冲击后，大多经营者的感受是不公平，但求变意愿并不是特别强烈，而是期望政府加强对电子商务和网络市场的监管来缓解新型商业模式带来的影响。譬如，全国各地服装市场、小商品市场内的场内经营户普遍反映受电商冲击较大，传统批发零售被电商和网络市场分流，场内经营行情每况愈下。但是，绝大部分商户基于各种原因处于束手无策的状态；即使市场举办方有意识地推动场内商户上线上网，并予以免费培训支持，但受多年经营思维惯性的影响，参与的积极性不高。市场及场内经营户在信息技术应用方面都处于较低水平。

（三）场内商户经营问题

1. 商户"融资难、融资贵"

在市场内经营的商户主要是个体户和中小企业，他们以商品交易市场为依托，以摊位为基础在市场内进行商品批发或零售业务。由于没有土地、厂房、设备等固定资产抵押，再加上国内也没有形成完善的商业信用评价体系，没有机构愿意为他们融资提供担保，形成了市场内商户经营过程中"融资难"的问题。目前，商户融资的主要渠道是银行和小额贷款公司，银行和小额贷款公司为了控制风险，对商户融资审查都会比较严格，同时提高贷款利率，造成商户"融资贵"。多年来，商户"融资难、融资贵"一直是困扰商户拓展经营的重大难题。个别发展较好、服务意识较强的市场，为了解决商户的融资问题也开始主动拓展服务。譬如义乌小商品城推出了摊位抵押和市场担保的融资方式，但提供这类服务的市场是少之又少，绝大多数市场没有提供这类服务。也有部分市场内的商户开展了合作贷款方式，但是融资风险依然较大，合作贷款的波及效应更强，潜在威胁也很大。譬如，绍兴柯桥轻纺城市场和常熟服装批发市场，因为经营困难和融不到资金造成跑路的现象时有发生，并且在多家合作贷款的情况下，因一家还不上贷款就要牵连多家商户，很可能会造成多家商户同时关门，甚至破产。在融资问题上，融资难一直是一个困扰商户经营的大问题，可以说金融对商业的支持与他们对经济发展的贡献严重不成比例。

2. 经营规模小，抗风险能力低

商品交易市场内的商户数量多，但单个规模小，经营方式传统，抗风险能力较低。市场内的商户绝大多数还是个体户，公司型经营的比例很低，譬如，义乌政府对 1571 家经营主体的抽样调查显示，个体工商户有 1046 家，占 66.58%，有限责任公司有 271 家，占 17.25%，股份有限公司只有 53 家，占 3.37%。全国各大市场内商户的情况不比义乌市场商户情况更好，都是以个体户经营为主的商户结构，都缺乏大型现代公司制的经营商户。市场内很多商户的支撑基础是中小生产企业，有的是家庭作坊式企业，个别经营户还采用前店后场的经营模式。在这种小户分散经营、小生产支撑的经营模式下，商户不但经营方式落后，而且抗风险能力比较低，一旦受到经济波动冲击，很容易因资金链断裂而倒闭，出现跑路逃债问题。

3. 新老交替困难、持续经营陷入困境

我国商品交易市场和个体商户都是时代的产物，第一代商户多是伴随市场的起步而起步，伴随市场的发展而提升并不断积累财富。经过 30 多年的经营和积累，有的已经具有相当规模，个别开始实行公司化经营，理论上为下一代经营奠定了很好的基础。随着第一代经营者年龄的老化，他们已经萌生了退出经营的明显意愿，但是，他们的子女多是独生子女，个性化较强，有着自己的理想和人生追求，他们并不想按照父母的意愿子承父业继续经营。譬如：在沈阳五爱市场调研时，一些起步于 20 世纪 80 年代的第一代经营户就反映，自己的年龄越来越大，尽管经营经验丰富但限于精力有限，非常需

要下一代年轻人来接手，可是子女有子女的追求，不愿意接手父辈的事业，致使下一步是退出市场还是继续经营的艰难选择，即使继续经营也面临如何持续的问题。很多地方也存在类似的情况，这样，就出现了经营户新老交替的困难，并且第二代相比父辈创新动力弱化，创业精神缺乏，存在商户经营能否持续和经营方式如何提升的问题。

4. 诚信水平不高、缺乏行业自律

市场经济的本质是信用经济和法治经济，也就是说，诚信和法治是市场经济高效运行的基础。在市场经济条件下，诚信是经商的灵魂，守法是经商的底线，自律是行业的基本准则。尽管我国推行社会主义市场经济已经30多年，但毕竟时间短，还处于市场经济的初级阶段，市场内的经营户尚处于诚信水平较低、守法意识不强、自律能力缺乏的阶段，绝大多数商户在盈利、挣钱的思维模式下崇尚经营，短视问题非常严重。再加上政府监管不严，行业组织涣散甚至缺失，整个行业缺乏内部自律。在这种经营环境下，造成了重权利、轻责任，重利益、轻信用，商业欺诈较多，消费纠纷不断的局面。另外，由于违法成本低，处罚较

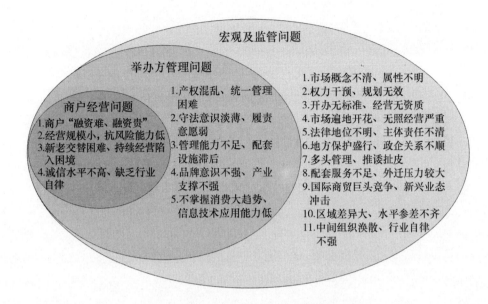

图10　我国商品交易市场发展存在的问题

轻，违法经营屡禁不止。追根溯源就在于我国市场机制不完善，征信体系缺失；法律法规不完善和执法不严以及行业组织不成熟，形成的经营户诚信意识不强、缺乏自律。

第二部分　工商市场监管的演进、现状及问题研究

一　基本概念

（一）监管

监管是指依据一定的规则对构成特定社会的个人和构成特定经济主体的活动进行限制的行为。监管可以分为"私的监管"和"公的监管"，前者是私人之间的一种约束行为，如父母对子女的管束；后者是公共权力机构或准公共权力机构对社会经济主体的监管，如行政、司法、立法机关对企业、公民经济社会行为的约束以及各类行业组织的自律行为。

（二）行政监管

行政监管是指在市场经济条件下，依法设立或依法授权的行政监管主体依据法律规定，运用一定的监管规则对市场经济主体及其行为进行干预和控制。行政监管的实质是公权力对私权利的强制介入，目的是为了克服市场失灵。行政监管一般可分为经济性监管和社会性监管。经济性监管主要是为了防止资源配置无效率和确保公平利用，通常采用认可和许可的方式对企业进行限制。社会性监管主要是以保障劳动者和消费者的健康、卫生，环境保护，防止自然灾害为目的，对物品和服务的质量和伴随着提供它们而产生的各种活动制定一定标准，并禁止、限制特定行为的规则。行政经济性监管是政府干预经济的一种方式，是为了预防和矫正自然垄断、外部性、信息不对称、集体行动、公共资源稀缺等引致的市场失灵问题；一般具有权力法定性、强制性、独立性、公正性、自由裁量性、准司法性和维护公利性的特点。

行政经济性监管的核心问题是政府是否应当干预市场以及在多大程度上干预经济，其本质是政府与市场的关系。行政监管受自由放任主义与政府干预主义关系的影响，在自由放任和政府干预两大经济学派的兴衰交替间经历了几番起伏，但政府与市场的关系一直没有得到很好地解决。目前，在行政监管模式上，世界范围内主要有美英市场主导型监管模式、德国社会市场经济监管模式和日韩政府主导监管模式三种。这三种行政监管模式都是现代市场经济国家的监管模式，但不同国家同一时期和同一国家的不同时期，政府对行政监管模式的选择迥异。这说明并不存在通行的行政监管模式，各国需要依据自身的特点和特定的发展阶段选择适合自己的监管模式。

（三）工商行政管理

工商行政管理是指为建立和维护市场经济秩序，由工商行政管理机关依照国家授权对市场经营主体及其经营行为实施行政监管，保护市场公平竞争环境和消费者权益的管理行为。工商行政管理是我国行政监管的重要组成部分，是我国在国民经济管理实践中逐步形成的一种特有的培育市场、干预市场、维护市场经济秩序的行政监管组织，属于经济性行政监管的范畴。

工商行政管理部门是我国的市场监管部门和行政执

法机构，是依法维护社会主义市场经济秩序的行政机关，是我国政府对市场监督管理的重要组成部分，在我国社会主义市场经济的建设和发展过程中发挥了重要的作用。工商行政管理的每一管理行为，都是对法律、法规、规章的具体执行，都必然产生直接的法制执行力。目前，国内理论界对工商管理职能的认识还不统一，有的认为是准入、监管、执法和保护四种职能；有的认为是准入、监管、培育和服务四种职能；还有的认为是组织、控制、协调和监督四种职能。工商系统内部比较认可的是市场主体准入与监管、市场秩序维护、消费者权益维护、商标专用权保护、监管直销和打击传销五大基本职能。

我国工商行政管理属于公共管理的范畴，具有公共性、政策性、基础性、综合性和应变性几个特点。公共性，工商管理是依法制定市场规则条例、规范市场主体行为、维护市场秩序和市场环境的公共管理。政策性，基于我国市场经济起步晚、基础弱，体制机制还不完善的特点，工商管理在不同时期需要党和政府的相关政策，具有较强的政策性。基础性，工商管理包括最基本形式的集贸市场到现代市场和网络市场的整体市场体系，是市场规范运行的基础性管理。综合性，市场体系错综复杂，市场关系千变万化，一部法律和法规很难去规范调整诸多的市场关系。工商管理部门需要面对大量的跨专业、复杂性、综合性及交叉性的综合监管任务。应变性，市场关系纷繁复杂，市场主体及其行为变化很快，再加上法律法规调整滞后，这就要求工商管理工作要在综合性、复杂性的基础上依据政策变动做出相应的调整。

（四）工商行政管理职能

工商行政管理职能是工商行政管理部门存在和发展的基础，是工商行政管理活动的指南。工商行政管理的职能定位直接决定工商管理机构的任务和要求，职能定位明确与否直接影响着工商部门的执行力和权威性。因而，认识工商行政管理的基本职能，依据市场形势的变化，把握市场监管的任务和要求，才能发挥工商监管维护市场秩序的作用。综合来看，我国工商行政管理具有以下几项基本职能。

1. 市场主体准入与监管

市场主体准入是指依据相关法律法规对进入市场的

各类经营主体的资格进行审核确认或注销经营资格的一项政府职能。市场主体准入管理具体包括三项内容：一是核准市场主体的资质条件，确保市场主体角色与能力的统一。二是办理市场主体资格变更登记事宜，实现动态跟踪审核。三是监督检查市场主体在生产经营活动中贯彻国家政策法令及资格登记法规的情况，制止相关违法活动。市场主体准入管理是工商管理的基本功能，是工商部门的基础性工作。通过市场准入管理，既能保证市场运营的资质与能力相适应，又可以维护市场秩序，是建立和维护市场经济秩序的基础和保障，还可以帮助国家相关机构实现对宏观经济的调控。

市场主体监管是指工商行政管理部门依据有关法律法规对进入市场进行生产经营的市场主体及其市场行为进行全方位的监督和管理，维护市场经济秩序的职能。在市场经济条件下，如果没有很好的规则约束和监督管理，良好的市场秩序很难形成和持续。市场失灵问题要求市场监管不可或缺。如果说，市场准入解决了市场主体资格问题，那么，市场监管关注的则是市场主体的日常经营行为。依法对市场主体行为进行监管是维护市场秩序的必然要求，也是工商监管的一项日常工作任务。

目前在市场主体监管方面，主要推进的是市场主体信用分类监管和查处取缔无照经营监管。

2. 市场秩序维护

市场秩序是市场运行状态和情况的总和。在市场经济条件下，国民经济主要依靠市场机制自动调节。鉴于市场主体的趋利性及市场机制本身的局限性和固有的缺陷，市场秩序的有序化和规范化并不能自动实现，需要借助政府干预维护市场秩序。国务院"新三定"规定，工商行政管理部门负责市场监督管理和行政执法工作。据此，工商行政管理部门负责将国家有关规范市场主体经营行为、交易行为、竞争行为的法律法规及政策付诸实施，履行维护市场秩序、营造良好市场经营环境的职责。工商管理部门市场秩序维护的主要职能是：拟定反垄断的具体措施和办法，负责垄断协议、滥用市场支配地位、滥用行政权力排除限制竞争的执法工作，拟定反不正当竞争的具体措施和办法，依法查处市场中的不正当竞争、商业贿赂、走私贩私及其他经济违法案件，督察督办大案要案和典型案件，拟定规范市场秩序的具体措施、办法，规范保护各类市场秩序，监督管理网络商品交易及有关服务行为，实施合同行政监督管理，铲除合同欺诈等违法行为，管理动产抵押、经纪人、拍卖行为，组织指导商品交易市场分类管理工作等。

工商行政管理部门履行市场秩序维护职能的方法和途径主要有：制定或参与制定有关规范市场交易主体交易行为，竞争行为的法律、法规、规章及政策，规范市场主体的市场行为。通过对市场主体的市场行为提出书面或口头的建议、咨询、劝告、告诫等，使市场主体的市场行为符合法律法规及规章政策的规定。通过对市场主体市场行为的监督和检查，及时发现和制止市场主体的违法行为。通过对市场主体违法行为的处罚，追究法律责任，给违法者以制裁和震慑，给其他市场主体以教育和警示。

3. 市场维权

市场维权是指工商行政管理部门依法保护生产者、经营者和消费者的合法权益，维护市场经济秩序的职能。市场主体的合法权益能否得到有效保护也是衡量市场经济秩序好坏的重要标准。市场主体依法获得准入资格后就有了相应的权利和义务，如注册商标专用权、技术专利权、企业名称专用权，要求他人履行经济合同权等。维护这些合法权利是市场有序运行的必要条件，也是工商行政管理部门的重要职责。法律也赋予消费者相应的权利，维护消费者权益也是工商部门的重要职责。

4. 市场培育规范

市场培育规范是指工商行政管理部门通过对市场主体及其市场行为的监督和管理，培育市场主体的自觉意识、规范市场行为，促进市场规范化发展和市场机制有效运行的职能。自觉的市场意识和规范的市场行为在短期内很难形成，政府强制力介入、施加约束有利于加快市场规范进程。惩戒违法行为、建立市场信用制度、扶植和引导行业自律，建立市场自我规范的长效机制也是工商行政管理部门的一项重要职责。

5. 市场服务

市场服务是指工商行政管理部门利用在日常的市场监管与行政执法过程中积累和掌握的信息、经验和资源，为市场主体的发展和市场经济秩序的规范而提供的各类服务。工商行政管理部门利用自身优势可以提供的服务主要有信息服务、查询服务、消费维权服务、合同服务和商标服务等。

二　工商市场监管职能演进

工商建制恢复后，依据工商部门在不同阶段履行市场监管的主要职责和职能，大致可以分为集贸市场培育、市场培育与建设管理、市场建设与管理拓展、管办脱钩与规范监管、规范监管与长效机制探索五个阶段。

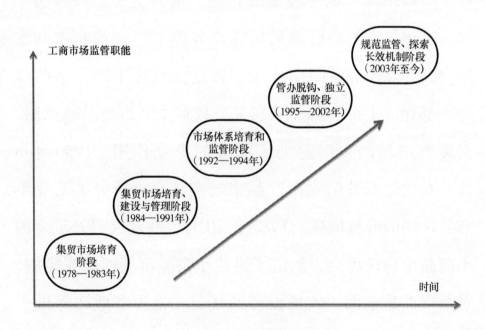

图11　工商市场监管职能演进阶段

（一）集贸市场培育阶段（1978—1983 年）

集贸市场是我国一种传统的交易形式，"文化大革命"期间很多集贸市场被强行关闭。在改革开放初期，伴随工商建制恢复和各级工商机构的逐步建立，扶持个体工商户和培育市场成为这一时期工商部门的主要职能，主要表现为：恢复和发展农村集市，开放城市集贸市场，放宽上市商品范围，准许农民和商贩从事长途贩运。

围绕市场培育，1978年11月，工商行政管理总局在四川大足县召开全国集贸市场座谈会，提出了"管而不死、活而不乱"的恢复集贸市场的管理方针。1979年3月，全国工商行政管理局长会议提出了"社员自有的农副产品，除国务院或省、市、自治区规定不准上市的以外，都允许上市"等十条意见，放宽了上市商品的范围，对集贸市场的发展起到了有力的推动作用。1980年8月，在沈阳召开的农副产品市场座谈会，研究了工业小商品市场的开放问题。1982年10月，在武汉召开了全国小商品市场现场会，制定了搞活小商品市场的政策措施，对上市商品范围、入场设摊的成员、批发和贩运等做了规定。从此，小商品市场正式开放，成为联系生产和消费、城市和农村的一条合法的补充渠道。1983年2月，国务院颁布《城乡集贸市场管理办法》，城乡集贸市场开放以法规的形式确定下来，上市商品和参加集市活动的范围以及贩运政策都进一步放宽。

在这一时期，工商部门的主要职责是依据中央精神和国家政策，扶持个体经济、培育集贸市场，促进商品经济发展。各地都掀起了建设集贸市场的热潮。目前国内一些知名的市场就是在这一时期孕育出来的，如义乌小商品交易市场、沈阳五爱市场、河北白沟箱包市场等。工商部门建市场、培育市场对我国市场经济的发育和发展起到了不容置疑的积极作用，用李岚清的评价来概括：集贸市场是中国市场经济的摇篮，中国的市场经济就是从这里开始的，工商行政管理机关在培育市场、建设市场方面立下了汗马功劳、功不可没①。

（二）集贸市场培育、建设与管理阶段（1984—1991年）

在我国经济体制改革全面展开时期，工商行政管理机关的职能主要是培育市场主体、规范交易秩序、改善交易环境。主要表现为以下几个方面。

---

① 左京生：《工商恢复30年发展回顾与展望》，《中国工商管理研究》2008年第10期。

1. 培育市场主体、管理市场行为

依据《城乡集市贸易管理办法》，各级工商行政管理机关加强了对集市贸易的培育和管理。在培育市场主体、稳定贩运政策、发展贩运队伍的同时，还加强了对市场主体经营资质、上市商品范围、市场交易秩序和市场价格的规范和管理。

2. 规划建设市场、改善市场环境

推进市场规划建设，改善市场环境。在"政府领导、统一规划、合理布局、多方兴建、工商行政管理机关统一管理"市场建设原则的指导下，经过合理规划、建设，各地集贸市场的规模、数量发生了较大的变化，交易条件和服务设施也有了很大的改善：一半以上结束了沿街摆摊、以马路为市、日晒雨淋、交易秩序混乱的状况。

3. 采用激励管理、开展市场评比

采用激励管理，开展文明集贸市场评比。1984 年开始，全国各地陆续开展了创建文明集贸市场评比活动，定期评比和表彰先进市场。1987 年，国家工商行政管理局做出在全国范围内开展创建"文明集贸市场"活动的决定，规定了全国文明集贸市场的统一标准。1990 年，制定了《集贸市场管理基本规范》，对集贸市场的经营

活动、管理、服务和设施提出了规范要求。1994 年又对规范做了修订，成为创建"文明集贸市场"的标准要求。1987—1995 年，国家工商总局先后进行了四次集贸市场的评比和表彰工作。

4. 扩大监管范围、整顿市场秩序

监管生产资料市场，整顿市场秩序。1988 年，监管生产资料市场纳入工商行政管理的职责范围。工商行政管理机关对进入生产资料市场交易双方的主体资格、交易行为合法性、生产资料来源和去向进行依法审查；对合同进行管理、调节和仲裁合同纠纷；查处场内违法违章行为。

在这一时期，国家发展市场的政策方针趋于稳定；市场概念内涵不断丰富，由城乡集贸市场向工业小商品市场、生产资料市场拓展；市场规划、布局、建设开始统一；市场经营环境逐步改善；管理方式、手段不断改进。工商培育与建设管理市场，维护市场秩序的职能增强，工商促进市场发展的功能凸显。

（三）市场体系培育和监管阶段（1992—1994 年）

在我国社会主义市场经济体制建设确立时期，工商

部门的主要职能是市场培育、促进提升与监管，主要表现为促进农副产品批发市场和工业品市场的发展，制定管理办法，加强市场监管。

1983 年，国务院批复的《关于改革农村商品流通体制若干问题的试行规定》中指出，"大中城市要建立农副产品批发交易市场"。1990 年 7 月和 1994 年 3 月，国家工商行政管理局先后两次在山东寿光召开农副产品批发市场管理座谈会和市场监督管理工作会议，推动了农副产品批发市场的发展。1992 年，在武汉召开了"全国市场管理工作会议"，会议提出下大力气培育建设一批功能全、档次高、辐射面大的农副产品、工业品和生产资料市场。在工商部门的大力推动下，全国各类市场加快发展，出现了一批大型批发市场，市场主体日趋多元化，工业品市场也初步形成跨区域、跨行业、全方位开放的市场格局。

1993 年 7 月，国家工商行政管理局颁布了《商品交易市场登记管理暂行办法》（以下简称《办法》），对开办市场应具备的条件、市场开办单位应承担的责任，市场登记机关及登记内容、登记程序作了规定。1996 年 7 月对《办法》做了修订，增加了对违反市场登记管理行为的处罚条款，并制定了配套的《商品交易市场年度检验办法》。市场登记制度的建立，对加强各类商品交易市场建设的宏观调控、统一管理和维护正常的流通秩序发挥了重要的作用。

在此期间，部分市场提升为批发市场，由集贸市场、小商品市场、生产资料市场、农副产品批发市场、小商品批发市场等组成的市场体系出现；市场主体也日益多元化。工商部门在促进集贸市场发展的同时，积极促进农副产品批发市场、生产资料市场等各类市场的发展；工作重心也开始由侧重培育管理集贸市场向培育、建设、监管社会主义大市场转变。

（四）管办脱钩、独立监管阶段（1995—2002 年）

经过前三个阶段的市场培育和建设，市场主体和市场体系都有了很大的发展。作为市场的监管者，工商部门建设和管理市场已与其监管职能要求不一致。工商部门办市场已经不利于市场的健康发展，也不利于"统一、开放、竞争、有序"统一市场的形成。在此背景下，工商部门适时进行了职能调整，将重点转移到市场监管上。

为了公开公平公正地执法、维护经营者和消费者的合法权益，维护市场秩序，工商部门推行了四大改革：一是 1995 年起，全国工商系统推行管办脱钩，实行与所办市场在机构、职责、人员、财物四分离。二是 1998 年，国务院机构改革的"三定"方案取消了工商部门的市场培育建设、市场布局规划等职能。三是 1998 年 11 月，为了提升监管权威，排除地方干扰，全国省以下工商行政管理系统实行垂直管理。四是 2001 年 8 月工商行政管理局更名为工商行政管理总局，由副部级升格为正部级单位。国务院"三定"方案明确工商管理总局是国务院市场监督管理和行政执法的直属机构。

在推进市场管办脱钩的同时，国家工商行政管理局修订发布了《商品交易市场登记管理办法》（1996 年第 54 号）（以下简称《管理办法》），基于《管理办法》各地陆续出台了《商品交易市场登记管理条例》。"管办脱钩"为工商部门履行职责，加强对市场的监督管理和规范市场提供了行政基础。市场培育建设和布局规划等职能的取消为独立监管创造条件。"垂直管理"为排除地方政府干扰、实行独立监管提供了组织基础。"市场登记"为工商"加强各类商品交易市场管理、规范市场开办行为，维护市场秩序"提供了有力的抓手。在此期间，国家工商总局还向全国推广市场巡查制和市场预警制。这样，工商监管市场由过去"管办不分""培育建设与管理一体"的驻场制管理向巡查制或驻场制与巡查制相结合的规范监管方式转变。另外，对中药材市场和粮食市场进行了专项清理整顿，规范了中药材市场和粮食市场的市场秩序。在这一系列的调整和政策推动下，工商部门的职能重点由市场建设和培育转移到了市场监管，促进市场体系和市场机制的建设和完善。

（五）规范监管、探索长效机制阶段（2003 年至今）

市场管办脱钩完成后，商品交易市场成为独立的市场主体，工商部门也回归到了自身的监管职责。特别是中国加入世贸组织后，我国市场经济体制和市场体系都进入到逐步完善的新阶段，各类市场竞相发展，市场主体日益多元化，市场行为也日益复杂。2001 年 4 月，国务院发布《关于规范和整顿市场经济秩序的决定》，将规范和整顿市场经济秩序作为"十五"期间的重点工作。2004 年，国务院发布《全面推进依法行政实施纲要》，标志着政府行政管理与执法全面进入规范化阶段。同年 7 月，《行政许可法》颁布实施，8 月工商总局废除

《商品交易市场登记管理办法》，规范监管，规范市场及市场主体成为这一时期的主基调。

在我国社会主义市场经济体制逐步完善时期，规范市场交易秩序、积极探索市场监管的长效机制是这段时期工商部门的主要职能和任务。具体表现为以下几个方面。

一是推进市场企业法人登记。伴随《行政许可法》的颁布实施，《商品交易市场登记管理办法》于2004年8月废止，工商部门开始推进商品交易市场由市场登记向企业法人登记过渡。

二是推进市场信用分类监管。"管办脱钩"后，工商与市场之间没有了所属关系，也失去了直接管理市场的手段，成为相对独立的监管部门。"市场登记"废止后，市场开始向企业法人登记过渡，市场的独立法人地位凸显，为市场信用分类监管奠定了组织基础。2007年以来，工商总局相继发布了《关于建立商品交易市场信用分类监管制度的指导意见》《关于认真做好市场信用分类监管信息化建设的指导意见》，制定了《商品交易市场信用分类指标》《商品交易市场信用分类监管数据规范》，开发了全国工商系统市场信用分类监管软件。这对市场信用体系建设和信用分类以及"市场信用分类监管制度"建设起到了很大的推动作用。

三是开展创建诚信市场活动。为了提高市场主体的诚信意识和自律能力，积极营造健康有序的市场发展环境，2010年以来，国家工商总局在全系统开展了创建诚信市场活动，对市场诚信活动起到了积极的推进作用。

四是开展农村文明集市创建活动。国家工商总局会同中央文明办等四部门开展文明集市创建活动；并针对农村集市的特点和现状，制定了《创建文明集市示范标准》，推动集贸市场升级转型。文明集市创建成为一项民生工程，深受开办单位、经营者、广大农民群众的欢迎。

五是开展专项治理行动。专项治理行动主要有陈化粮市场专项整顿（2007年年底暂时结束）；开展禽流感、猪链球菌等重大动物疫病市场防控；限塑专项整治；瘦肉精专项整治。

另外，在此期间，工商部门推出了经济户口管理、互联审批、首办负责制、企业信用监管等一系列促进管理规范的措施。我国工商市场监管进入规范独立监管、探索与市场经济要求相适应的长效机制的时期。

三　我国工商部门市场监管职能的现状和特点

（一）我国工商监管市场的职能现状

2008年7月，国务院办公厅印发了《国家工商行政管理总局主要职责内设机构和人员编制规定》（以下简称新"三定"）。新"三定"明确工商行政管理部门的职能定位是：负责市场监督管理和行政执法；负责各类市场主体的登记注册并监督管理，承担依法规范和维护各类市场经营秩序的责任；负责监督管理市场交易行为和网络商品交易及有关服务的行为等15项职责职能。依据新"三定"，目前工商行政管理的主要职能可分为市场规则制定、市场主体准入与监管、市场秩序维护、市场维权和市场服务等6个方面。

1. 市场规则制定职能现状

法律法规是市场有效运行的基础，规章和政策是工商部门规范和引导市场主体行为、建立市场长效机制、维护市场秩序的保障。作为国务院直属的市场监督管理和行政执法的直属机构，工商行政管理总局负有依据市场发展需要起草相关法律法规草案和制定工商行政管理规章和政策的责任。这也是新"三定"明确赋予工商管理总局的职责。

在市场法律法规和规章政策的制定方面，近年来，国家工商总局依据新"三定"赋予的职责要求，独立或联合其他部门先后发布了《医疗器械广告审查办法》《商标代理管理办法》《合同违法行为监督处理办法》《制止滥用行政权力排除、限制竞争行为的规定》《个体工商户登记管理办法》《拍卖监督管理办法》《工商行政管理部门处理消费者投诉办法》《网络交易管理办法》等系列管理办法。特别是国务院颁布《企业信息公示暂行条例》以来，工商总局及时制定了《经营异常名录管理暂行办法》《企业公示信息抽查暂行办法》《个体工商户年度报告暂行办法》《农民专业合作社年度报告公示暂行办法》《工商行政管理机关行政处罚信息公示暂行规定》5 个配套规章，为以后信息公示和信用监管提供了有力的支撑。推动出台了《乳品质量安全管理条例》《安全法实施条例》《注册资本登记制度改革方案》《个体工商户条例》，修订了《公司登记管理条例》《企业法人登记管理条例》《商标法实施条例》《商标法》《消费者权益保护法》《公司法》。这一系列法律法规的修订和规章政策的制定与实施，为工商部门监管市场、规范市场和规范执法、维护市场秩序提供了法律基础和政策保障。

2. 市场准入与监管职能现状

市场准入是指政府职能部门依照法定条件、程序和方式，确认自然人、法人和其他组织的市场主体资格和法律地位，以及许可市场主体从事特定范围经营资格的行为，具有公权力性、针对性和法定性。市场准入分为登记管理和审批管理，涉及多个政府部门。一般市场主体无须审批，只需登记；但关系国家安全、公共利益、公共安全等重要行业的市场主体，则既需登记，又需审批，缺一不可。

按照新"三定"方案，工商行政管理负责各类企业、农民专业合作社和从事经营活动的单位、个人以及外国（地区）企业常驻代表机构等市场主体的登记注册并监督管理，承担依法查处取缔无照经营的责任。在市场准入方面，依据国务院印发《注册资本登记制度改革方案》（2014年2月），工商部门正在积极推进工商登记改革，与此同时，还在稳步推进"先证后照"改"先照后证"及简化住所登记手续、推行电子营业执照和全程电子化登记管理等改革。在推进"先照后证"改革方面，配合中央编办梳理确定了第一批 31 项工商登记前置改后置审批项目。在放宽住所登记手续方面，大部分省市已经出台相关规定。在这一系列改革措施的推动下，市场准入门槛降低，市场主体数量增加明显。截至 2014 年 9 月底，全国实有各类市场主体 6670. 37 万户，注册资本（金）121. 95 万亿元。其中，企业 1732. 58 万户；个体工商户 4814. 51 万户；农民专业合作社 123. 28 万户。2014 年 1—9 月，新登记市场主体 920. 24 万户，注册资本 14. 67 万亿元。其中，企业 264. 8 万户，注册资本 13. 42 万亿元；个体工商户 630. 5 万户，资金数额 0. 61 万亿元；农民专业合作社 24. 95 万户，出资总额 0. 64 万亿元[①]。市场准入门槛降低为市场主体进入市场提供了便利，激活了市场活力；同时意味着我国市场监管正在由前置资格监管向后置行为监管过渡，由单一行政监管向市场信用监管和社会监管过渡。在市场准入条件放宽的同时，无照经营、非法经营查处，市场主体登记变更，

---

① 工商总局网站统计资料，http：//www. saic. gov. cn/zwgk/tjzl/zxtjzl/xxzx/201410/t20141016_ 149085. html。

失信市场主体公示、惩戒职能将进一步强化。

3. 市场秩序维护职能现状

依据新"三定"方案，工商行政管理部门负责市场监督管理和行政执法有关工作。工商行政管理部门将国家有关规范市场主体经营行为、交易行为、竞争行为的法律、法规、规章及政策付诸实施，以保护社会主义市场经济在公平公正、竞争有序的环境中运行。当前，工商部门的市场秩序维护职能主要包括公平交易管理、商标监督管理和广告监督管理。

在履行公平交易管理职能时，常用的法律法规主要包括《反不正当竞争法》《合同法》《直销管理条例》《禁止传销管理条例》等40多部法律法规。主要职责有：一是反垄断、反不正当竞争和商业贿赂及走私贩私等违法经济活动。二是规范市场经营秩序和执法权限，维护各类市场经营秩序。三是实施合同监督管理，查处合同欺诈等违法行为。四是监管直销，联合打击传销、查处传销行为。五是管理动产抵押登记、组织管理拍卖行为；监督管理经纪人、经纪机构及经纪活动。六是监管网络商品交易行为及提供有关服务的行为。七是组织指导企业、个体工商户商品交易市场的信用分类管理等工作。

在履行商标监督管理职能时，常用的法律法规有《商标法》《商标法实施条例》《关于打击侵犯商标专用权违法犯罪中加强衔接配合的暂行规定》等十多部法律法规。工商部门商标监督管理的主要职责是商标注册和商标专用权保护。经商标注册局核准注册的商标，依法发给商标申请人《商标注册证》，享有商标专用权。2008年以来，我国积极实施商标"走出去"战略，扶持注册商标发展，近年来，我国商标注册量持续增加。2010年有效商标注册量为384.69万，2011年有效商标注册量为462.96万，2013年前三季度有效商标注册量为614.73万。如果说《商标法》为持有人赋予了商标专用权，那么，保护商标专用权、查处商标侵权则是工商部门的重要责任。商标专用权保护的主要内容：对注册商标和未注册商标使用行为的监督管理；处理商标纠纷，查处商标侵权行为。通过商标注册和使用权保护，强化商标权利人的商标权利意识和商标使用义务，保护商标权利人的合法权益，保护消费者利益。2014年上半年，工商部门查处非法占有他人未注册商标、攀附他人已注册商标商誉的案件和恶意独占公共资源等扰乱商标注册管理秩序的案件总体较上年同期大幅增长，共审结1900 件。

依据新"三定"方案，工商行政管理部门负责"指导广告业发展，负责广告活动的监督管理工作"。职责包括：拟定广告业发展规划、政策措施并组织实施；拟定广告监督管理的具体措施、办法；组织、指导监督管理广告活动；组织监测各类媒介广告发布情况；查处虚假广告等违法行为；指导广告审查机构和广告行业组织的工作。工商部门广告监管的主要内容有：一是制定和控制执行广告发布标准。工商行政管理部门不是广告审查部门，不具有在发布前审查广告的职能和职权，但对发布后的虚假违法广告有权立案查处。二是监督规范广告活动。工商管理部门可以通过制定、发布公告经营资质标准，并监督检查广告经营单位实施，保证广告经营活动主体市场准入的质量。三是指导广告业发展，包括促进和规范，体现了监管与发展的统一。主要是围绕"拟定广告业发展规划、政策措施并组织实施"展开。

4. 市场保护职能现状

保护职能，就是工商行政管理部门在市场经济中，通过保护生产者、经营者和消费者的合法权益，来达到维护市场经济秩序的目的。商品生产者、经营者和消费者的合法权益能否得到有效保护，也是检验市场经济秩序好坏的重要标准。依据新"三定"方案，工商部门具有保护经营者、消费者的合法权益，查处无照经营，查处假冒伪劣，查处合同欺诈，保护商标专用权和查处商标侵权行为，特殊标识、官方标识的登记、备案和保护等保护职能。对于这些权利的维护，是市场有序运行的必要条件，也是工商行政管理部门的重要职责。

2013年全年共立案查处侵犯知识产权和制售假冒伪劣商品案件8.31万件，涉案金额11.21亿元，捣毁侵权和制假售假窝点1786个，依法向司法机关移送涉嫌犯罪案件477件，涉案金额2.8亿元。2014年前三季度，全国共查处无照经营案件17.35万件；依照《反不正当竞争法》《商标法》查处侵犯知识产权案件3.09万件；查处传销案件1449件；查处网络交易违法案件4763件；全国工商系统受理消费者投诉84.2万件，已处理消费者投诉78.17万件，为消费者挽回经济损失11.03亿元。全国受理消费者举报19.45万件，其中，虚假广告和无照经营举报大幅上升。这说明，工商部门的保护职能在不断强化，对违法行为和侵权行为的打击力度在不断加大。

5. 市场服务职能现状

市场服务是指工商行政管理部门利用在日常的市场监管与行政执法过程中积累和掌握的信息、经验和资源，为市场主体的发展和市场经济秩序的规范而提供的各类服务。

依据新"三定"方案要求，工商行政管理部门利用自身优势可以提供的服务主要有：一是信息服务，即通过"研究分析并依法发布市场主体登记注册基础信息、商标注册信息等，为政府决策和社会公众提供信息服务"以及"监测、预警和信息引导"的职责。二是消费维权服务，即"指导消费者咨询、申诉、举报受理、处理"等消费维权服务，具体包括欺诈消费者、消费争议的调解和制订合同示范文本等内容。三是合同服务，即为合同当事人提供的服务，主要包括合同签证与合同争议的行政调解。四是查询服务，即工商行政管理部门为满足一般社会主体的需要主动提供的服务，具体内容包括企业资质查询、企业信用查询和其他市场信息的披露（如对违法经营者的公示、对不合格产品的公示等）。五是商标服务，即工商行政管理机关在对社会商标活动进行监管的同时，可以凭借自身的角色优势，引导经营者运用商标进行资源整合，提高企业知名度和市场竞争力。

6. 市场主体培育

市场培育指的是工商行政管理部门通过对市场主体及其市场行为的监督和管理，培育市场主体的自觉市场意识和行为规范，从而促进市场规范、有序发展。我国的社会主义市场经济是自上而下推动、逐步建立、具有特殊文化背景的市场经济。在社会主义市场经济建立的过程中，尽管商品和资源市场化的程度不断深入，但由于法律法规的滞后和市场信用体系的不健全，市场主体的市场法制和信用意识严重滞后，致使其市场行为与市场机制要求很难统一。无意识违法、有意失信的违背市场经济要求的现象还比较严重，自觉守法、守信的环境还没有形成。在此背景下，市场主体还需要政府强力介入，通过法律法规完善和信用机制建设进行培育和引导。

依据新"三定"方案要求，工商部门不但负有"起草有关法律法规草案，制定工商行政管理规章和政策"等完善市场法律法规的职责；还负有"组织指导企业信用分类管理"和"组织指导商品交易市场信用分类管理"以及"查处无照经营""查处假冒伪劣""查处不正当竞争、商业贿赂、走私贩私""查处合同欺诈""查处虚假广告"等维护市场秩序、培育市场主体、规范市场行为的职责。近年来,总局在完善法律法规方面做了大量的工作,同时,对市场主体信用建设也加大了推进的力度。2007 年,总局发布了《关于建立商品交易市场信用分类监管的意见》,并于 2010 年开展"诚信市场"创建活动,同时,加大了推进信用监管信息化建设的力度。"市场信用分类监管"和"诚信市场建设"活动为推进我国市场主体的市场信用意识培育、提高守信自觉性起到了很大的促进作用。

(二)我国工商监管市场的特点

工商行政管理是我国特有的行政监管形式,它除了具有一般行政监管的"权力法定""机构独立""自由裁量""法律控制""维护公利"外,还具有体现我国特色的市场监管机构特点,具体有以下几点。

1. 行政管理性

我国的市场经济体制是由政府自上而下推动建立的经济运行形式,其市场文化基础较弱,市场主体的市场意识不强，遵循市场规则的行为能力不高，市场信用几乎是空白。在这样的文化背景和市场主体条件下，要推行市场经济体制，必然需要政府强力介入，制定规则并引导市场主体的行为逐步符合市场经济的要求。工商行政管理机构是我国监管市场的综合行政管理部门，是履行政府培育、管理和规范市场的行政主体，因而，工商监管市场具有很强的行政管理性。

工商监管市场的行政管理性主要体现在改革初期的市场主体培育、工商规划市场、建设市场、管理市场。目前，主要是政府以及工商部门以政府红头文件的形式对市场下发各类通知和要求，以及对市场进行的文明市场、诚信市场、星级市场等各类评比活动。可见，我国工商监管市场不但管理思想浓厚，而且有较重的行政强制性色彩，具有行政和管理相结合的行政管理的特点。这也是与我国经济社会发展需求相适应的特有监管机制，能够最大限度地克服市场失灵，维护市场稳定。

2. 职能综合性

一般行政监管部门只是依据特定法律法规对市场经济的某一领域、某一要素或某一市场行为进行专门的经济监管。相比之下，我国工商市场监管则需要依据多项法律法规对市场主体及其行为进行全程、多方位、多环节监管：从市场准入、登记变更、市场退出到市场竞争和市场交易行为，从宣传、销售到运输和消费，从有形商品到无形服务，从经营者到消费者等。工商行政管理部门既要确定市场主体的资格，又要监管市场主体的行为；既要打击虚假宣传、假冒伪劣，又要反垄断和反不正当竞争，维护公平交易环境；既要管商品质量，又要管缺斤短两；既要管实体市场，又要管网络交易；既要管理直销，又要打击传销。在市场主体间出现纠纷时，工商部门应首先介入其中进行协调、调解。因而，工商监管的内容十分宽泛，综合性极强。

3. 监管复杂性

伴随市场经济的发展，我国市场形式日益立体化：自发市场、集贸市场、大棚市场、室内市场、现代专业和综合市场并存，批发市场、零售市场、商铺和杂货店共生，农产品市场、工业消费品市场、生产资料市场、农资市场并存。同时市场主体也日益多元化：国有企业、合伙企业、集体企业、三资企业、私营企业、外资企业、个体工商户、个人等各种形式的市场主体竞相发展。再加上工商监管的全过程、全方位综合职能的定位要求，使我国工商监管市场、维护市场秩序的职能日益复杂性。

4. 执法权威性

针对市场的灵活性和变动性，为了更好地行使市场监管职能，工商部门执法需要有一定的自由裁量权。对于不正当竞争等特殊类型的案件，工商行政执法机关可以依法受理并裁决，无须进行执法请求。在实际的执法程序中，如果遇到新情况或者针对当地市场管理的特殊性，工商机关可以在不违背宪法、法律等上位法的情形下以命令、规章的形式予以处理。这是工商监管"准司法性"的要求。事实上，工商部门对违法行为的处罚、仲裁等行政执法活动就是履行法律法规授予的权力，或者是贯彻执行国家的经济管理政策。因而，工商执法在我国具有合法性和权威性。并且，工商执法对相关的立法活动也有一定的推促力，使得工商执法具有一定的"准司法性"。

5. 任务多重性

工商部门是我国政府监管市场的行政管理机关，它肩负着培育市场、发展市场、保护市场、规范市场的多重任务。在培育市场方面，工商部门不但需要培育各类市场主体，还要培育各类市场主体的市场意识、法律意识、信用意识，以及培育各类市场主体的遵守市场规则、遵纪守法、诚实守信能力。在发展市场方面，通过积极贯彻国家经济政策，制定和推进相关措施，激活市场主体活力，促进市场的繁荣和发展。在保护市场方面，通过执行国家法律法规和相关规章制度，维护市场秩序，保护市场环境。在规范市场方面，通过市场准入规范市场主体资格；通过宣传、教育，引导市场主体行为；通过行政执法，打击违法违规行为。

四　我国工商监管市场存在的问题和调整方向

（一）我国工商监管市场存在的问题

在我国社会主义市场经济建设和完善的过程中，工商行政管理部门在培育市场、规范市场和维护市场秩序方面做出了历史性的贡献。但伴随社会主义市场经济体制的确立、行政体制改革的推进、法制化治理以及市场规范发展的要求，工商部门在履行市场监管职能时存在以下几个方面的问题亟须解决：

1. 市场概念不清、主体职责不明

市场是什么？市场主体的内涵和构成是什么？各市场主体应该具备什么样的资质？商品交易市场该如何界定？农副产品市场、工业消费品市场、生产资料市场是商品交易市场，集贸市场、批发市场是商品交易市场，城市综合体、物流市场、超市、百货、专卖店甚至社区店、杂货店是不是商品交易市场呢？目前，理论界和国家有关部门并没有对市场和商品交易市场给出明确的定义，造成对市场及商品交易市场认识模糊的局面。

由于对市场相关概念认识的模糊，造成市场监管管理部门的定位不清，市场相关主体，即政府监管部门、市场举办者、经营者间关系不明确，职责边界不清，使得政府部门对市场监管的尺度很难把握。调研发现，很多地区的工商部门在执法过程中仅仅把已经取得合法经营执照或资格的市场归为商品交易市场，对于没有取得相关执照的露天市场、马路市场等形式的市场，以及物流市场等新型业态的市场均未列入监管范畴。

对商品交易市场概念的不清晰和不统一，直接导致监管对象的模糊，进而造成监管职责权限边界的模糊，带来监管的困惑。明晰概念、厘清权责边界已经成为工商监管市场最重要、最急需解决的问题，应该也是工商部门的头等大事。因为，概念清晰、权责明确是市场及商品交易市场监管的前提和基础，在此基础上才能针对不同监管对象采取相应有效的监管措施，才能促进社会主义统一大市场的实现。

2. 立规建制能力不足，法律法规滞后

法律法规是政府为社会公众提供的纯公共产品，立规建制、制定法律法规是政府的重要职能，也是政府部门间接干预市场、规范市场的重要基础和依据。依据"三定"方案，工商总局负有"起草有关法律法规草案，制定工商行政管理规章和政策"的职责。多年来，工商行政管理部门在法律法规制定和修订方面尽管取得了很大的成就，但不可否认，目前我国还没有一部统一的《市场法》或《商品交易市场管理法》。从国家层面上讲，工商行政管理部门监管市场唯一的上位法依旧是1983年颁布实施的《城乡集市贸易管理办法》。我国市场经济经过30多年的发展，已经取得了翻天覆地的进步，商品交易市场本身也从最初的马路或大棚式露天集贸市场逐步发展到了室内市场，以及现代化的商场化市

场，甚至商城化市场，但是作为计划经济时代产物的《城乡集市贸易管理办法》却一直没有修改，无论从监管职能还是具体内容，都无法适应当前快速发展的市场经济步伐，处于实际失效的状态，无法起到维护、促进市场发展的作用。

尽管早期统领工商部门工作的《城乡集市贸易管理办法》已经实际失效，但工商部门并没有依据市场发展的情况对其进行修订或者起草制定《市场法》或《商事法》对其进行取代。与此同时，《商品交易市场登记管理办法》不但没有上升到法律层面，也随着《行政许可法》的颁布而予以废止。这一方面造成工商行政管理机关的性质、地位、职责权限和组织机构等重大问题的确定都是以国务院的"三定"方案为依据，违背"权力法定、依法行政"的原则。调研甚至发现《市场登记证》取消以后，工商部门对商品交易市场的掌握几乎处于失控状态，各地工商局市场处几乎不能提供准确的市场统计数据。另一方面，《公司法》《合同法》《广告法》《质量法》《消费者权益保护法》《反不正当竞争法》《反垄断法》《食品安全法》等专项法律法规都赋予工商部门一定的职能，但都没有对工商部门的职责和定位进行明确统一的说明，造成工商部门职能宽泛、职责边界不清、定位混乱。

工商部门涉及的法律法规众多，2011 年中国法制出版社出版的《工商行政管理常用法律法规全书》显示，与工商行政管理有关的法律、法规、规章及规范性文件、司法解释等共 832 件。即使经过这几年的清理，目前国家工商总局网站显示，工商执法涉及法律 103 部、行政法规 201 部、规章 406 部，总计 710 部。执法人员在进行行政处罚时，发现同时适用多部法律法规规章的情况很多，甚至有时候要追究上位法的规定。而由于个人的法律素养各不相同，在没有明确法律指导的情况下，对法规的理解各异，执法结果偏差大。另外，法律法规规章的理论性很强，但是对具体工作的指导性却很弱，对于绝大多数并非法律专业人才的工商工作者来说缺乏可操作性。

总之，由于工商部门立规建制能力不足造成工商定位职责边界不清，进而形成工商部门"什么都管、什么都管不好"，"种了别人的田、荒了自己的地"的出力不讨好的状态。起草并推动统领工商监管市场的法律出台，明确工商职能定位和权责范围是推进工商部门依法行政、降低履责风险、完善市场监管体系的重要基础性工作，因而需要工商部门的领导高度重视立法建制、完善市场监管法规的工作。

3. 市场准入弱化，举办主体职责缺失

市场准入是工商部门监管市场的一项重要职能。"三定"方案也明确规定工商部门负责各类"市场主体的登记注册"并"承担查处取缔无照经营的责任"。在《行政许可法》颁布实施以前，市场按照《商品交易市场登记管理办法》登记管理。《行政许可法》（2004）颁布后，《商品交易市场登记管理条例》废止，市场举办主体的法律地位也随之丧失。由于不具备法定主体资格，市场举办主体也失去了独立承担民事责任和享有法定权利的主体能力，市场举办主体责任也处于模糊状态。近年来，尽管工商部门努力推进商品交易市场企业法人登记，试图以企业法人的形式明确市场的法人主体地位；但是，商品交易市场是一种多主体聚集的经济组织，具有基础性、公众性、社会性、公益性等性质，不能简单等同于一般性企业进行企业法人登记。因此，亟须从法律层面对商品交易市场的法定主体资格予以确认，明确其需要承担的责任，以及享有的权利。同时，也为工商

部门监管市场提供有力的法律依据。

除了市场举办主体准入弱化外，由于我国还没有统一的《商事登记》制度，市场经营主体准入规定分散于《公司法》《全民所有制工业企业法》《城乡集体所有制企业法》《企业法人登记管理条例》《公司登记管理条例》《合伙企业登记管理办法》《个人独资企业登记管理办法》及三资企业法的相关规定中。这种依据不同所有制形式及资金来源确定不同的市场准入标准的登记方式，相互之间缺乏必要的统一和协调，人为地制造了不平等的环境，导致了许多问题。特别是《商品交易市场登记管理条例》废止后，市场举办主体的法律地位丧失，失去了独立承担民事责任和享有法定权利的主体能力，市场举办主体责任也处于模糊状态。由于市场举办、经营管理主体责任不明确，即使不尽责也没有法律依据进行相应处罚，进而造成市场经营主体责任意识淡薄，只收费不管理。遇到"创城""创卫"等活动时，工商部门迫于各种压力，承担了很多市场举办、经营管理主体的责任，甚至有的地区工商干部要负责清理市场的垃圾等工作，造成工商部门与市场经营主体的职责边界不清晰。

4. 职能交叉、协调不畅，无照经营查处难

市场经济行为本身的复杂性和综合性，决定了市场秩序监管需要多部门分工合作。我国市场监管部门既有综合性的市场监管机构，也有专门性的市场监管机构。在各市场监管部门之间分工不断细化的同时，工商行政管理部门与其他监管部门之间的职能交叉越来越多，权责边界也越来越不清晰。特别是 2002 年以来，商品交易市场的主管权限交给商务部门，具体市场经营行为由工商、质检、卫生等负责。在监管职能上，各监管部门各自为政，出现职能交叉、多头管理，执法标准不统一、重复执法的情况。譬如：工商行政管理部门在产品质量方面与质监、食药、卫生等部门存在着权力交叉、多头管理的情况；在食品安全方面与农业、质监、卫生、食药等部门存在交叉；在打击传销方面，工商部门与公安部门又存在交叉，且常常相互推诿。工商部门监管市场的主体地位没有得到切实保障。这种职能交叉、多头管理往往造成部门间协调不畅，出现为了部门利益和规避执法风险"有利益时抢着管、矛盾来时绕着走"的"争利避责"的低效监管现象。

无照经营使市场主体处于无序和无法监管规范的状

态，影响市场行为秩序和管理秩序的规范，破坏了市场经济秩序。无照经营者为偷漏国家税收，降低交易成本，冲击有照经营者，妨碍市场公平竞争秩序。无照经营者没有固定字号、经营地点、发票，当消费者权益受到侵害时，可以一走了之，不利于工商部门取证和保护消费者合法权益。无照经营者普遍占道经营、乱堆放杂物和商品等，影响城市的环境卫生。根据国务院《无照经营查处取缔办法》，各级工商行政管理部门应当依法履行职责，及时查处其管辖范围内的无照经营行为。新"三定"方案也赋予工商部门查处无照经营的职责。然而，按照《行政许可法》规定的"谁发证、谁负责、谁管理"的原则，凡涉及前置许可的无照经营，应由前置许可部门负责（牵头）取缔。然而对于一些涉及前置许可审批的行业无证照经营，实际操作中该谁管，如何管，一直未有明确规定，导致职能部门之间出现交叉监管现象。到底是发证机关负责取缔、发照机关负责取缔还是地方政府负责取缔，一直无法清晰划分。这造成多年来无照经营屡禁不绝、屡查不止，查处无照经营依然是工商部门每年的重要任务。

　　尽管国家出台了一系列与工商监管市场有关的法律

法规，甚至每一项新职能都是源自新的法律，但并没有一部类似组织法的《市场法》来对工商部门进行职能定位，能否解决工商部门与其他监管部门的职能冲突和执法的权威性问题直接影响了工商部门市场监管的效率和政策执行的效能。

5. 执法环境差，依法监管难

工商行政管理机关在行政执法过程中，受到严重的地方保护主义干预，面临较多的压力和阻力，甚至是不正当的干预，整个执法环境较差。在以经济发展作为考核领导干部重要依据的背景下，各级政府官员都自觉不自觉地参与到地方经济保护的行动中，成为地方保护主义者。围绕经济发展和上级的考核要求，各级政府官员和相关职能部门领导都会想尽一切办法制定优惠政策、改善投资环境、吸引外来市场主体投资。在各级政府都把发展作为第一要务的情况下，在市场准入环节，地方政府要求工商部门放宽准入、降低门槛、简化手续、变通处理。在监管环节，地方政府要求工商行政管理机关保护本地市场、企业和产品，支持地方经济的发展。一些地方政府甚至把发展经济和工商执法对立起来，认为工商行政执法是地方经济发展的阻碍。

工商行政执法受到"地方保护主义""长官意志"等非法干预现象严重。为了让当地政府满意，有的工商行政管理机关做了一些不该做、做不好、做不了的工作；有的成了地方保护主义的卫士；有的市场监管职责没有认真履行，却做了大量其他服务工作，"种了别人的田，荒了自己的地"。工商行政管理工作出现职能缺位、错位、越位的乱象，统一、公正、严格执法困难，及依法监管、维护市场秩序，推动建立全国统一、开放、竞争、有序的市场体系难，等等。

另外，由于法律法规建设滞后，特别是对一些严重滞后、不适应经济发展需要的法规没有及时清理，致使出现文件代替法规，领导的讲话、政府的文件效力高于法规的现象。不少地方要求执法机关以党委、政府的文件和领导的讲话为执法依据，造成执法机关根据自己的判断来决定法规的取舍，法律的权威和尊严受到了破坏。总之，当前我国工商行政管理机关执法环境差、依法监管比较困难，究其原因有三：一是法律法规建设滞后；二是内部执法行为不规范；三是外部利益调整带来的矛盾。

6. 执法权力弱化，执法手段落后

工商行政管理部门服务市场是政治体制改革的趋势，是政府公共服务职能在工商行政管理领域的体现。近年来，我国借鉴发达国家的经验出台的几部法律法规都体现了"减弱行政干预、限制行政权力"的思想和服务市场、保护市场主体的原则和要求。这对树立依法行政意识、保护公众合法权益有重要意义，也有利于我国的法律制度与国际接轨，但却脱离了我国的实际执法环境和执法对象。如果不顾实际，将西方成熟市场经济监管的理念和执法原则照搬过来，应用到对我国社会主义初级阶段市场经济的监管，恐怕很难达到预期的效果。现实中，我国市场经济体制和法律法规体系还不完善，各类市场主体的法律意识依然淡薄，自觉遵法、守法，依法维权意识不强。在这样的发展现实和执法环境下，因工商机关没有相应的强硬执法手段，毁灭证据、转移财产、逃避制裁、抗拒处罚的情况时有发生。如果在工商部门没有强硬执法手段的同时，再一味强调工商部门服务于市场主体的思路和要求，工商部门就很难对市场中扰乱市场秩序的违法违规行为进行有效约束和制止，也很难履行监管市场、维护市场秩序的职责。

事实上，即使在主张限制政府权力的西方国家，对政府行政监管机构也赋予了很高的执法地位、较强的执法手段和很高的执法权威。目前，我国工商执法存在法律赋予的权力不够和手段不强的问题。在执法权力上，历史上只有《投机倒把行政处罚暂行条例》和《企业法人登记管理条例》两个行政法规授权工商部门在监督检查时可行使冻结、划拨、封存、暂扣等专项行政强制性手段。但后来《商业银行法》和《反不正当竞争法》都规定：只有各级法院有权力对市场主体的违法经营所得和生产产品进行查封、扣押等，弱化了工商执法的权力。

在执法手段上，尽管《反不正当竞争法》赋予工商部门主动监督检查权、调查检查权、强制措施权，可以对违法行为及物品加以限制，但却没有相应的规定违法经营者配合执法、接受检查的法律义务。致使出现工商部门执法人员在责令被检查的经营者说明商品来源时，相对人往往拒绝回答；要求其暂停销售不得转移时，相对人往往拒绝签字，事后商品不知去向。《反不正当竞争法》规定了监督检查部门在调查取证中的询问、查询、复制、检查等权力，但未明确授予查封、扣押财产等强制措施权。这种行政处罚权与行政强制执行权相分离，致使工商部门作出行政处罚决定之后，不具备强制执行的权力，削弱了工商机关执法的严肃性、权威性，无形之中放纵和助长了违法经营行为。

在执法方式上，基层执法人员在办理案件时要完成大量的卷宗，即使很小的案件也要按程序完成相关的卷宗，致使基层只能把有限的人力和财力投入到大案、要案上，对于小案件基本采取"和稀泥"的方法，对双方进行调解处理，这从一定程度上削弱了工商执法的权威性。另外，根据现行法律法规规定，工商行政管理机关的行政强制措施种类有查封、扣押（扣留）、先行登记保存证据、责令暂停销售、查询单位账户和依法申请人民法院对违法资金进行冻结等措施。当出现暴力抗法事件时，工商部门只能依靠公安部门来处理，对当事人拒不履行处罚决定书规定的义务时，只能申请法院强制执行，法院是否将案件执行到位，申请人无法监督，这同样削弱了工商执法的权威性。

7. 队伍内人才匮乏，业务能力偏低

一项政策执行的程度如何取决于执行者对它的理解和兴趣。作为政策执行者，工商行政管理人员的知识、能力及其对法律法规和政策的掌握情况是决定工

商监管市场效果的重要因素。如果法律和政策被曲解就会造成执行偏差，出现执行不彻底、不到位或偏离政策导向等问题。工商行政管理机关恢复建制30多年来，人才一直是制约工商执行政策的瓶颈，尽管通过系列培训提高了队伍的业务能力，但随着人员的老化和新鲜力量补充不足，工商系统无法满足新时期市场监管的要求。

其次，工商队伍人才匮乏主要表现在高学历、精法律、善监管、会办案、懂信息技术的人员比例较低，专家型、复合型人才更少。同时，系统内年龄结构老化，主要集中在40—50岁年龄段，总体年龄偏高，新生力量相对缺乏。在业务素质上，很多工商管理人员面临业务能力与管理需求不一致的问题。面对市场主体数量增加、市场主体结构多元、经营行为多样以及违法智能化的现实，部分工商管理人员的业务素质和管理能力并没有得到相应的提高，面临管理专业素养不足和管理恐慌的问题。

再次，针对历史遗留的工商队伍知识层次偏低等问题，采取的培训缺乏针对性，培训内容偏重于宏观理论，市场监管的法律法规培训相对较少，培训内容与市场监管实践相脱节。

最后，在垂直管理体系下，工商干部只能在系统内封闭循环，缺少多岗位的工作经验，造成工商干部阅历单一，视野不够开阔。多数地方党委也没有把垂直管理干部列入培训计划，地方党校也很少安排工商干部学习。工商系统内部近年虽然加强了干部轮训，但侧重于业务，针对综合能力和综合执法水平的培训不够。由于业务能力偏低，导致一些工商部门和管理人员将执法与自身利益挂钩。对部门或自己有利的就加大执法力度，不利的就拒不执行，出现选择性执法。

8. 监管任务重、监管力量不足

随着商品交易市场的快速发展，需要工商执法的案件也迅速上升，但是作为监管主力的基层工商所力量并未进一步充足，造成了现在工商执法的力量严重不足的问题。基层工商所的职工往往身兼数职，登记注册、市场监管、消费维权、商标保护、广告管理、行政执法等集于一身，难以完成要求较高、日益繁重的工作任务。另外，专项整治任务多，特别是很多地方工商、质检、市药检等部门合并后，上级部门的专项整治任务成倍增加；工商部门需要配合地方的工作任务重，特别是地方政府进行"创建全国文明城市"或"创建卫生城市"时，工商干部往往在几个月内天天加班，课题组调研期间发现宁夏回族自治区石嘴山市的工商干部甚至还从事农贸市场的卫生打扫、垃圾清理等工作，重庆市的工商干部在市长的安排下竟然从事全市餐饮企业的税收调查工作，更加重了监管力量不足的问题。

从调研组对广东、湖北、辽宁、重庆、宁夏、山东、江苏和浙江8省（区、市）一线工商所人员的调研情况来看，绝大多数工商所低于10人，难以完成相应的监管任务。比如，重庆市巴南局八公里工商所辖区包括凯恩国际家具名都、西部汽车城、麟龙服装城等众多专业市场，仅凯恩国际家具名都就有1062家经营户，然而八公里工商所仅有职工7人，还要负责所有工商部门的业务，执法力量明显无法满足监管任务。调研还发现执法力量不足的问题在农村工商所更为突出，农村工商所大多在5人左右，却往往负责面积广大的地区的监管，然而农村工商所一没有足够的执法车辆，二没有足够的人员进行巡查，难以完成对所管辖地区的有效监管。

9. 经费不足，履责困难

在政策执行过程中，必要的经费保障是政策执行的动力。多年来，工商部门经费不足是影响工商市场监管职能发挥的重要因素之一。在垂直管理以前，地方财政依据在册人员数量和名额按人头向各级工商部门拨款。按人头拨款的实质是"吃饭财政"，没有考虑工商部门的职能定位及其履责所需的费用，自然远远不能满足市场监管履责的需要。垂直管理后，工商财务经费采取"收支两条线"的管理方式。在实际操作中，执法支出与规费收缴挂钩、专项支出与罚没收入挂钩，以收费、罚没款来养市场监管与行政执法。这在体制上就促使工商部门追求行政收费和罚没收入最大化。随着市场经济的发展，政府职能不断转变，工商规费逐步减免，规费收入不断减少；同时，市场监管的任务日益繁重，人员经费支出、公务经费支出和专项经费支出不断增加，收支矛盾日渐突出，经费问题成为工商有效履责的一大障碍。

2008 年 9 月 1 日，经国务院批准，财政部、发改委和工商总局三部门联合下发通知，决定全国停收"个体工商户管理费"和"集贸市场管理费"（简称"两费"）。"两费"停征后，财政经费由"以收定支"改为省级财政保障。经费保障模式即人员经费按标准，公用经费按定额，项目经费按需求；经费保障顺序是先人员、后公用、再项目，各项目经费明显紧张。这给工商行政管理部门，尤其是基层工商部门履责带来很大的困难，一旦项目经费没有到位，监管和执法活动都很难实现，更是难以实现维护市场秩序的职责。比如，重庆江北工商分局一年用于检测的总体经费约为 70 万元，对农产品批发市场的食品农药残留检测，仅一个批次检测费就要上千元，而参与执法的一线工商所自身无该项专款，又不能向经营者收取费用，增加了监管的难度。对于红木等高价商品，即使接到相关的投诉，也很难检测，也就无法进行处理，造成了履职困难。

10. 职能错位，本末倒置

职能错位是指没有发挥工商行政管理的中心职能，而发挥着其他一些次要职能。工商行政管理部门的中心职能是监管市场，或者说以市场监管为主，服务、维权等为辅。但现实中，工商部门花费了大量的人力、物力和时间在履行一些非主要工商行政管理职能上，出现本末倒置的现象。当前，最突出的职能错位现象莫过于工商行政管理部门负责流通环节的食品安全监管。

我国的食品安全监管一直以来实施多部门分段监管体制，农业部门负责监管初级食用农产品的种养环节，质监部门负责监管食品生产加工环节，工商部门负责监管流通环节的食品，食品药品监管部门负责监管餐饮业和食堂。为做好流通环节中食品安全监管工作，工商行政管理部门花费了大量的人力、物力和时间在履行食品安全监管职能上，出现本末倒置的现象，表现在以下几方面：

一是食品检测职能与质监部门错位。2005年，工商行政管理部门增加了食品检测职能，同时配备了相关专业人员和检测车、检测箱等工具，主要负责对一些如蔬菜、肉类、干货、定型包装食物和散装食物等流通市场的食品进行检测。由于专业人员不足（有的检测人员是普通职工，通过简单检测培训就上岗）和检测结果不具有证据作用（检测出问题的食品，需要交专门的检测机构复检，复检报告才可作案件证据）等硬性原因，工商部门的食品检测职能的现实意义大打折扣。而且对一些经质监部门检验后，出具合格证明的食品，工商部门的检测结果若与其相悖，谁的检测结果可信，谁才是真正的权威检测机构，容易造成混乱，互相打乱仗。

二是流通环节猪肉质量监管与农业、商务、质监等部门错位。农业、商务、质监、工商、食品药品监管等部门分别负责生猪养殖、屠宰、加工、流通、消费等环节的监管工作。农业部门重点检查养殖环节的小型养殖场和散养户；商务部门重点打击屠宰环节的城乡接合部的私宰户和以代宰方式为主的手工屠宰厂；工商部门重点检查流通环节个体猪肉经营户、集贸市场以及社区超市；食品药品监管部门重点检查消费环节的小餐馆和学校、工地食堂。表面看来，各部门的分段管理监管，各尽其责，各司其职，然而从养殖到餐桌，其实是一个不可分割的过程，环环紧扣。单纯划出各阶段职能部门的职责，只是"铁道警察各管一段"的做法。"瘦肉精"事件的屡次发生，就暴露出生猪质量分段监管模式造成的职能交叉错位、权责不明、各部门之间协调性不够等诸多问题。由于权限不明造成的各部门互相推责，严重影响对食品安全事件的深入调查，从而造成食品安全事件层出不穷、屡发不止。单纯的事后检讨和追究责任，只是一种"治标"的方法，始终无法解决我国食品安全监管体制上存在的问题。

　　三是食品台账登记和索票索证制度的落实与其他部门出现错位。工商行政管理部门在履行食品安全监管职能的过程中，主要核发流通环节食品经营许可证、营业执照；检查农贸市场经营者、食品批发商和零售商等流通环节经营者的进出货台账和索票索证制度的落实情况等。然而对于一些自制面包、糕点等小型食品经营店，由于生产、销售过程很短，无法明确划分生产环节和流通环节，具体应由谁负责进出货台账和索票索证制度检查，一直无法划清，由于职权划分不清楚，容易造成质监、工商和食药监等部门职能交叉管辖。

　　2009年，《食品安全法》通过后，农业部门、质量监督部门、工商行政管理部门和食品药品监督管理部门依法分别对农产品种养、食品生产、食品流通、餐饮服务活动环节实施监督管理。虽然相关法律规定各部门的职责划分非常清楚，但实际操作起来却是界限模糊，由于没有一个部门为主导，多个部门职能交叉导致管理混乱。同时由于生产环节与流通环节人为脱节，无论农业还是质监、工商部门，都无法对问题食品进行独立的追根溯源，从而无法完全禁止有害食品流入市场。

（二）我国工商监管市场的调整方向

恢复建制 30 多年来，工商部门的职能定位依据经济社会发展的需要相继经历了市场培育、独立监管和市场规范三个阶段。目前，我国工商市场监管依然处于市场规范阶段，但自 2008 年以来呈现出以下调整趋势：

1. 完善法规、依法监管

法制是市场经济的基石之一，法律是监管市场的前提和基础。伴随《行政诉讼法》《行政许可法》《行政处罚法》《行政复议法》等陆续出台，以及《工商行政管理执法证管理办法》《工商行政管理机关制止滥用行政权力排除、限制竞争行为的规定》《国家工商行政管理总局注册商标专用权质权登记程序规定》《工商行政管理规章制定程序规定》等专项法律法规的出台，为工商行政管理依法监管市场提供了法律依据，使得工商行政执法从人治向法治转变。

近年来，国家工商总局依据新"三定"赋予的职责要求，独立或联合其他部门先后发布了《医疗器械广告审查办法》《商标代理管理办法》《合同违法行为监督处理办法》《制止滥用行政权力排除、限制竞争行为的规定》《个体工商户登记管理办法》《拍卖监督管理办法》《工商行政管理部门处理消费者投诉办法》《网络交易管理办法》等系列管理办法。推动出台了《乳品质量安全管理条例》《安全法实施条例》《注册资本登记制度改革方案》《个体工商户条例》，修订了《公司登记管理条例》《企业法人登记管理条例》《商标法实施条例》《商标法》《消费者权益保护法》《公司法》。可见，依法监管市场是我国工商监管的大趋势。

2. 市场约束、信用监管

信用是市场经济有效运行的前提，是与法律并行的市场基础。法律法规是政府干预经济、规范市场行为的强制手段；而信用是市场自我约束、规范市场行为的约束机制，是"无形的手"的调节机制。在我国社会主义市场经济体制的完善阶段，政府在不断完善法律法规的同时，也正在培育和发挥市场的自我调节机能，即通过"信息公示"启动市场"信用调节"机制。十八大以来，在"依法执政"和"市场化"的大背景下，信用监管成为我国工商市场监管的大趋势。特别是国务院颁布《企业信息公示暂行条例》以来，工商总局及时制定了《经营异常名录管理暂行办法》《企业公示信息抽查暂行办法》《个体工商户年度报告暂行办法》《农民专业合作社年度报告公示暂行办法》《工商行政管理机关行政处罚信息公示暂行规定》5 个配套规章，为以后信息公示和信用监管提供了有力的支撑。以信用监管为基础的自我约束型的市场监管成为工商监管的发展趋势。

3. 多方参与、社会监管

多年来，我国市场监管主要依靠政府行政管理部门，公众、媒体、中间组织等积极性不高、参与度不够，呈现出政府行政管理部门独自监管市场的尴尬局面。公众参与的积极性不高的主要原因有：一，维权意识淡薄，缺乏必要的专业知识和法律知识；二，缺乏激励公众参与的机制，公众参与和政府监管的良性互动机制还没有形成。媒体舆论乏力的原因是媒体独立性有限，并且，媒体舆论与公众及政府间没有建立起有效的信息传递机制；同时，媒体走向市场后，受自身利益的影响难以客观报道。中间组织是连接市场主体和政府的桥梁和纽带，我国的行业组织发育先天不良，监管能力较弱。但近年来，随着公共法制意识的增强、维权能力的提高、互联网新媒体的快速发展，以及行业协会、商会、消费者权益保护组织的快速发展，我国市场监管呈现社会监管的发展趋势。工商部门可以依据市场监管的发展社会化趋势，加大对消费者维权、媒体监管的支持力度，加强对中间组织的培育、支持和引导力度，顺应市场监管的要求，减轻工商监管的压力。

4. 统一平台、信息化监管

信息技术的成熟和应用普及为经济和社会带来很大的变革，它不但推动了生产的发展，还催生出了新的市场形态和全新的市场行为模式。信息化对传统依靠人员的驻场式监管、巡场式市场监管提出了较大的压力，也为工商实施信息化市场监管变革提供了动力和机遇。信息化监管是国家行政管理的要求，是经济社会发展的要求，更是信息时代的要求。信息化监管能够提高监管信息的传输效率，能够促进监管信息透明，能够促进监管的公开、公正、公平，是市场监管发展的大趋势。

在信息化和网络化的促进下，新一代消费者的消费行为相对传统消费者发生了很大的变化；各类市场主体的行为也正在发生着巨大的变化；各类商品交易市场信息化的程度和应用水平也在不断地提升。特别是新兴网络市场的迅猛发展，对传统市场监管提出了严峻的挑战。技术的进步、经济社会的发展、各类市场主体行为的变化等都预示着信息化监管是工商监管市场的大趋势，因而，加大信息技术投入、加快信息监管人才的培养、加快工商统一市场监管平台的建设，是推进市场监管信息化的必然要求。

5. 统一市场、联合监管

我国的市场监管目前依然处于条块分割的局面。在诸多政府市场监管部门中，有的实行从中央到地方统一垂直管理，如国税；有的实行省级以下垂直管理，如工商、质检；有的实行属地管理，如卫生、环保、文化等部门。在条块分割的行政监管体制下，为了部门利益和规避风险，相互间掣肘和推诿，各监管部门之间的协调与配合难度较大，很难形成监管合力，造成地区行政垄断、地区封锁、监管缺位。

随着社会主义统一大市场建设的逐步推进和完善，市场的监管要求包括工商行政管理部门在内的各政府监管部门之间的相互协作与配合，联合监管。特别是网络市场的发展打破了传统市场的区域性限制，在对传统市场属地监管提出挑战的同时，也为全国多部门利用网络推进联合监管提供了条件和基础。社会主义统一大市场建设是我国市场发展的必然趋势，因而联合监管也是市场监管的必然趋势。

6. 正面引导、激励监管

我国的市场监管延续的是重惩戒、轻激励的管理思想，一般是对违法违规行为采取处罚措施，通过处罚来警戒市场主体，可以说是"以罚代管"。这样的监管方式简单粗暴，在一定的时期和阶段针对特定的对象会取得一定的效果，但是，通常情况是被处罚者并不知道自己错在哪儿了，为什么错了，以及正确的行为应该是怎样的？并且，因为"以罚代管"给被处罚者造成了经济损失，还会造成一些负面效应，形成监管者与被监管者情绪对立，影响监管部门形象。另外，处罚措施也没有增加社会整体收益，尽管维护了市场秩序，但积极效应并没有得到很好的发挥。

为了弥补惩戒式监管的负面效应，激励式监管正在进入政府监管部门的视野。激励式监管就是政府监管部门通过政策措施或行政指导引导市场主体行为的监管方式。遵循政府监管政策或行政引导的市场主体通过自己的努力可以获得更好的市场回报；不遵从政府引导的市场主体尽管不会受益但也不会受损。激励式监管对政府监管部门提出了更高的要求，即能够为市场主体提供有益的行为指导信息或参考信息。激励式监管的实质是服务，符合我国政府转变职能（向服务型政府转变）的要求，也是我国工商市场监管发展的趋势之一。

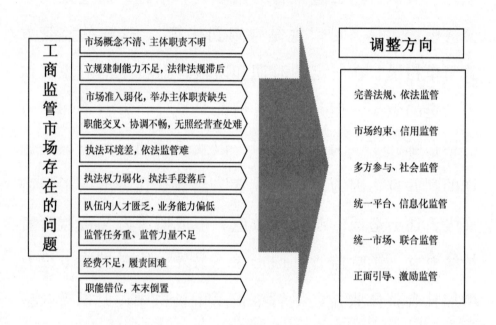

图 12　我国工商监管市场存在的问题和调整方向

第三部分　工商监管市场面临的形势与对策措施

一　工商监管市场面临的新形势

（一）政治经济新形势

1978 年，中国实施改革开放，中国社会主义市场经济从无到有、从小到大逐步发展起来，取得了令世人瞩目的成就。经过 30 多年的发展，中国已经初步建立起社会主义市场经济体系，目前进入健全完善社会主义市场经济体制的发展阶段。党的十八大报告提出了"要加快完善社会主义市场经济体制"的发展目标，强调要"更大程度更广范围发挥市场在资源配置中的基础性作用"，要"加快推进社会主义民主政治制度化、规范化、程序化，从各层次各领域扩大公民有序政治参与，实现国家各项工作法治化"。

党的十八届三中全会以来，中国开始走向"六位一体"的发展模式，并着重强调市场在资源配置中的决定性作用。《中共中央关于全面深化改革若干重大问题的决定》指出，"全面深化改革的总目标是完善和发展中国特色社会主义制度，推进国家治理体系和治理能力现代化"。中国要实现"二次腾飞"，就必须告别单一追求经济增长，逐步走向均衡发展，构建经济—政治—文化—社会—生态—党建"六位一体"的发展模式，即以经济发展为主线，政治体制改革为保障，社会整体发展为目标，先进文化为基础，追求人与自然的和谐生态关系，同时完善党的建设。"六位一体"的发展模式也意味着全面深化改革涉及范围广泛，包括相应的六个领域的改革，"全面推进社会主义经济建设、政治建设、文化建设、社会建设、生态文明建设，全面推进党的建设新的伟大工程"。另外，十八届三中全会特别强调了市场配置资源是最有效率的形式。市场决定资源配置是市场经济的一般规律，市场经济本质上就是市场决定资源配置的经济。健全社会主义市场经济体制必须遵循这条规律，着力解决市场体系不完善、政府干预过多和监管不到位的问题。

十八届四中全会通过的《中共中央关于全面推进依法治国若干重大问题的决定》提出"全面推进依法治国，总目标是建设中国特色社会主义法治体系，建设社会主义法治国家"。建设中国特色社会主义法治体系，必须坚持立法先行，发挥立法的引领和推动作用，坚持立、改、废、释并举，增强法律法规的及时性、系统性、针对性、有效性。加强重点领域立法，实现立法和改革决策相衔接，做到重大改革于法有据、立法主动适应改革和经济社会发展需要。依法全面履行政府职能，推进机构、职能、权限、程序、责任法定化，推行政府权力清单制度。推进多层次多领域依法治理，坚持系统治理、依法治理、综合治理、源头治理，深化基层组织和部门、行业依法治理，支持各类社会主体自我约束、自我管理，发挥市民公约、乡规民约、行业规章、团体章程等社会规范在社会治理中的积极作用。

工商部门对市场的监管要充分考虑十八届三中全会和四中全会以来的政治、经济环境，树立关于政府和市场关系的正确观念，突出市场在资源配置中起决定性作用的地位，通过信用体系等无形的市场的手对商品交易市场进行约束；同时，坚持立法先行，立、改、废、释并举，主动适应改革和商品交易市场发展需要，推出及时性、系统性、针对性、有效性的市场法；依法全面履行工商部门对市场的监管职能，推进对市场的系统治理、依法治理、综合治理、源头治理；支持市场行业协会、商会、消费者协会等行业组织的自我约束、自我管理和行业自律，发挥它们在政府和市场间上传下达的中介作用。

（二）市场发展新形势

1. 市场体系立体化

经过 30 多年的培育和发展，我国社会主义市场体系初步形成，已经呈现出纵向发展水平层次化、横向经营结构多元化的立体式市场体系。所谓纵向发展水平层次化是指不同市场的发展水平出现分层、分化，形成萌芽市场、初级市场、中级市场、高级市场、现代市场等多层次市场形式共存的局面。具体来看，当前在我国的市场体系内既包括无组织、无管理的农村自发市场、城镇街边市场和马路市场；也包括有初步组织、有简单管理

的马路市场、城镇疏导点市场和城乡集贸市场；也包括
有简单组织、粗放式管理的大棚市场和室内市场；还包
括有现代企业组织、精细管理服务的现代商场式市场。
这些不同发展阶段、不同发展水平的市场共同构成我国
纵向多层次的市场经济体系，为相应层次的经营者和相
应层次的消费者提供相适应的服务，为不同层次的市场
经济运营提供着有力的支撑。

　　所谓横向经营结构多元化是指伴随技术的进步、生
产的发展和经营管理的提升，在不同市场依据区域或自
身的优势进行的专业化和综合化经营的推动下出现的横
向经营多元化的市场格局。当前，我国的市场体系在横
向结构上，依据经营的产品内容可以分为农产品市场、
工业消费品市场、生产资料市场和生产要素市场，还可
以分为综合市场和专业市场；依据经营方式可以分为批
发市场、批零结合市场和零售市场；依据经营环境可以
分为封闭式市场和露天市场；依据营业状态可以分为常
年营业市场和季节性营业市场等。不同市场经营产品、
经营方式、经营环境、经营状态的差异，形成了我国横
向多元化的市场结构体系。

　　我国市场发展水平的层次化和经营结构的多元化共

同构成了我国立体式的市场结构，这既标志着我国商品
交易市场交易体系的初步形成，也是我国商品交易市场
发展的必然趋势。

2. 市场主体复杂化

市场主体包括市场举办主体、入场经营主体和消费
主体。整体上，我国市场在层次化、多元化立体式发展
的同时，市场主体构成也呈现复杂化的局面。市场主体
构成复杂化是指举办主体构成、经营主体构成和消费主
体构成都呈复杂化的态势。随着市场开办的逐步放开，
当前市场的举办主体在属性上既可以分为国有、集体、
民资和外资，也可以分为公司、企业和个人。无论市场
举办主体怎么划分，不可否认的是市场举办主体构成已
经是多元化的格局。在市场举办主体多元化的基础上，
市场举办方对市场的管理服务也呈现复杂化的局面，具
体来看：有的是管办一体，即市场举办者直接管理市场；
有的是委托管理，即市场举办方委托第三方管理；有的
是契约管理，即举办方通过合同契约将管理权力交给第
三方，到期收回。这样，市场管理方式出现多种模式共
存的复杂情形。

经营主体复杂化是指入场经营的市场主体可以分为

国有企业、集体企业、民营企业、外资企业、合资企业和合作企业，也可以分为股份公司、有限责任公司、合伙企业和个体户。可见，在我国市场体系内各类市场中的经营主体呈现出多种经济属性和多种组织形式并存的复杂态势。同样，伴随国家的日益开放，在我国市场内的消费主体既有国内的政府、公司、企业和个人，也有来自不同国家的外国的政府、公司、企业和个人，消费主体也日益多样化和复杂化。总之，各类市场主体的多样化和复杂化是我国改革开放和市场发展成果的体现，也是成熟市场经济的表现，是我国社会主义市场经济繁荣的标志和市场发展的必然要求，更是我国市场监管面临的新形势。

3. 技术支撑信息化

信息技术发展和应用的普及催生的信息化是当今的时代特征，市场技术支撑信息化也是市场发展出现的新形势。市场技术支撑信息化主要表现为：一是信息基础设施建设得到普遍的重视。举办方对信息技术设施的投入力度不断加大，为信息技术应用提供了基本的保障。二是市场管理信息技术应用日益普及。市场管理方借助信息技术管理市场，公布市场经营信息，提高管理水平和管理效率。三是市场交易信息技术应用越来越受到市场管理方和经营户的重视。管理方利用信息技术管理市场，并为经营户和消费者提供政策和市场信息服务，提高信息传递效率。经营户利用信息技术发布商品信息、吸引客户、便捷交易、提高交易效率。四是售后服务信息技术应用逐步推广。无论是市场举办方、管理方还是场内经营户都在借助信息技术为消费者提供相应的售后服务，处理交易纠纷，提高消费者的满意度。五是消费者维权信息技术水平也不断提高。政府、市场管理方和经营户正在利用信息技术为消费者维权提供便利；消费者也正在利用信息技术采用电话、传真、网络等方式便利维权。总之，在信息技术应用日益普及的今天，市场的信息技术设施及其实际应用水平对市场发展的重要性日益凸显。市场技术支撑信息化时代的要求，也是市场发展的必然趋势，更是当前市场发展的新形势。

4. 线上线下融合化

在信息技术和互联网应用日益普及的大背景下，以阿里巴巴诞生、淘宝市场崛起以及京东和天猫的迅猛发展为标志，我国商品交易市场开启了网络市场迅猛发展的新时代。在网络市场高速的潜在威胁下，以义乌购、苏宁易购、国美网上商城等上线为标志，各类市场逐步接受了把握大势、借助互联网改造提升传统市场的思想，纷纷启动上线战略。当前，在网络市场和实体市场的关系上，网络市场内的诸多经营主体依赖品类齐全丰富的实体市场，产生了一代新的、年轻的市场经营主体，如义乌市场出现的淘宝村。网络市场经营实际上需要实体市场货源的支撑，跟实体市场合作意愿很强。鉴于网络市场交易的无时空限制性和便利性，以及实体市场的经营户和商品优势，实体市场也亟须拓展网络市场，扩大市场的辐射范围，因而，实体市场也有发展网络渠道的需求。

在新生网络市场和传统实体市场各有优势和不足的情况下，代表新生市场的网络市场正在启动实体支撑的实体化战略，与实体市场战略合作、构建物流渠道以及社区店的争夺和布局都体现出网络市场实体化发展的要求。代表传统模式的实体市场也正在启动信息化、网络化战略，加强网络基础设施建设，搭建自己的网络交易平台，教育、培训、引导商户上网和在网上交易已经成为实体市场的举办方和管理方的重要战略任务，体现出实体市场网络化的要求。网络市场的实体化发展和实体市场的网络化发展显示出我国商品交易市场已经呈现出线上线下融合发展的新形势，意味着新一代"融合市场"即将诞生。

（三）工商监管新形势

1. 简政放权、统一监管

随着社会主义市场经济体系的初步形成，市场在资源配置中地位和功能的提升，政府和市场的关系日益成为政府、学界和业界关注的焦点。如何最大限度地发挥市场在资源配置中的作用，如何提高市场配置资源的效率；如何更好地发挥政府在市场经济体系中的调控作用，更有效地弥补市场失灵，维护市场秩序，提高市场效率是我国完善社会主义市场经济的核心环节。

围绕政府和市场的关系，十八大报告提出"要尊重市场规律、更好发挥政府作用"的行政体制改革要求。十八届三中全会也提出"要改革市场监管体系，实行统一的市场监管"。并要求"要推进工商注册制度便利化，削减资质认定项目，由先证后照改为先照后证，把注册资本实缴登记制逐步改为认缴登记制"；"清理和废除妨碍全国统一市场和公平竞争的各种规定和做法，严禁和惩处各类违法实行优惠政策行为，反对地方保护，反对垄断和不正当竞争"。十八大以来，深化行政审批制度改革、推进简政放权，转变政府职能、提供规则和标准服务，强化、统一市场监管，着力解决监管干预市场过多和监管不到位，推进工商市场监管由家长式、保姆式的市场管理向统一规则、标准式市场化监管转变；由事务性、经营性管理向制定规则、标准，检查执行规则标准的市场化监管方式转变是目前工商监管市场面临的新形势。

2. 完善规则、依法监管

法治是治国理政的基本方式，是市场经济有效运行的基石，也是监管市场的前提和基础。在我国社会主义市场经济体系初步确立的情况下，为了统一大市场的加快形成，需要尽快完善市场运行的规则。同时，在依法治国理念不断深入、中央强力推进依法行政的大背景下，行政机关保持宏观经济稳定、加强和优化公共服务，保障公平竞争，加强市场监管，维护市场秩序的职能将不断强化。为了适应市场经济发展和政府依法行政理念的要求，完善市场法律法规和规范标准、加强规划和政策引导，依法依规严格监管市场、构建长效市场监管机制、维护市场经营秩序，推进统一、开放、竞争、有序市场的形成也是工商行政监管市场面临的新形势。近年来，中央政府及工商总局尽管陆续出台了系列的法规为工商行政执法提供了法律法规基础和依据，但鉴于已有法规存在缺陷、规范标准存在不足，以及工商行政管理人员思想认识不到位、法制观念淡薄、执法环境差、执法保障乏力、执法权威性不够等因素的综合作用下，队伍内部出现了一些抵触、悲观、消极和不满的情绪。加快工商市场监管的法规建设，加快培育工商队伍依法监管思想和能力的培育，推进工商市场监管由人治向法治转变也是工商部门目前面临的新形势。

3. 信息公示、市场自律

市场经济的本质是自由交易的法制经济和信用经济。为了降低交易成本和交易风险，信息公开是市场经济自身的必然要求。在市场经济条件下，信息不对称、隐藏信息或者虚假信息是市场失灵的重要因素之一。为了促进我国社会主义市场经济体系的完善，降低市场交易成本、提高市场运行效率，市场监管部门利用政府权威和掌握市场主体的信息优势，推进市场主体及其行为的信息公示制度，为政府部门及市场主体交易提供参考是负责任政府应该承担的职责。通过信息公示，市场主体在遵循自由平等交易和市场风险自担的基础上，依据交易对象的信息来判断其信用情况，然后决定是否与其交易。这有利于摆脱对政府的依赖思想和惯性，有利于培养市场主体的主体精神和自律意识。因而，在我国社会主义市场经济体系由初步确立到成熟市场经济的过渡阶段，通过信息公示培育市场主体的自律、交易行为的自律及其交易风险承担的自律是我国市场监管面临的新任务和新形势。

4. 信息技术应用、网络化监管

传统的市场监管思路和监管方式对传统实体市场及市场主体比较有效，但伴随信息技术和互联网应用日益普及，各类市场主体及其行为也日益信息化和网络化，面临新兴的网络市场及新兴各类市场主体，传统的市场监管方式难免捉襟见肘，非常尴尬。譬如，传统市场主体注册一般需要登记经营场所，但网络市场经营主体的经营场所是虚拟网络空间，有的有实际经营场所对应，有的根本就没有经营场所，该如何登记？是不是应该将其应用的 IP 地址作为经营场所登记？经营主体注册地与经营场所在所属空间上出现分离，如经营者注册在山东，而在淘宝、天猫或京东网络平台经营。这类经营主体是该山东管还是该杭州或者北京管，很容易出现分歧。这都是信息技术和网络市场发展催生的新兴主体及其经营方式相对传统监管方式产生的新问题和对市场监管提出的新挑战。

为了适应信息化技术和网络市场发展的需要，为了对新兴的市场主体及其行为进行有效的规范监管，满足维护网络市场秩序的需要，政府监管部门加大信息技术投入，加大信息技术人才引进和培养力度；加强应用信息技术、实现对市场的网络化监管是市场监管部门面临的新形势。

5. 部门联合、综合监管

市场经济本身具有生产、市场交易到消费的连续性和统一性，再加上市场主体行为的复杂性和综合性，对市场的监管就需要连续监管和综合监管统一。现实中，政府市场监管的权力在部门间和区域间分割，呈现条块化的监管权力结构。在市场经济的萌芽和培育阶段，这种条块分割的权力结构有利于各类市场主体的培育和发展，有利于促进区域和部门市场的快速发展。在建设社会主义统一大市场，简政放权、依法行政，信息发达、网络监管的新时期，这种部门间分割、区域间分割的监管格局必然会阻碍监管长效机制有效运行，成为统一市场形成的障碍，与我国市场发展趋势和监管要求相悖。因而，在建设社会主义统一大市场政策和市场跨区域发展、网络化发展的趋势下，打破部门分割、区域分割，实行部门间联合、区域间统一监管成为我国市场监管面临的新形势和新要求。

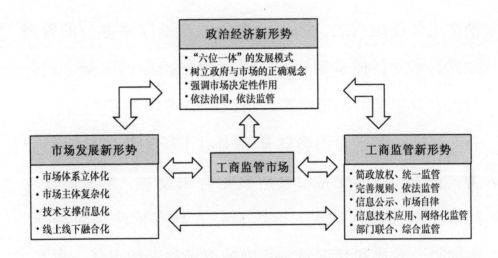

图13　我国工商监管市场面临的新形势

二　工商监管市场的对策建议

（一）明确概念，主体分类

市场概念不清、市场构成主体分类不明是造成监管对象模糊、权责边界不清、监管效能不高的首要原因。

为了提高监管的针对性和有效性，本报告建议：要在理论上明确市场概念，对商品交易市场作出统一的界定；并在此基础上对构成市场的主体进行分类，为市场主体分类监管奠定理论和认识的基础。

鉴于市场呈现的多主体性、聚集性和交易性的三大核心特征，本报告认为，商品交易市场是指由举办主体依法提供场所或空间平台载体和管理服务，经营主体和消费主体在场所或空间平台聚集并在遵守举办方的管理规则、享受其提供的服务、遵循价格机制的基础上进行合法、自主交易的复合型经济组织形式。

这样，在概念明确的基础上对市场构成主体进行分类：首先，商品交易市场应该是合法设立、形成的复合经济组织形式。其次，市场举办方具有依法提供场所、空间平台载体和管理服务及维护市场秩序的责任。再次，市场内的经营主体是依法取得经营资质的商家，包括公司、企业和个体户等多种形式的独立法人或自然人。市场消费主体是依据经营和消费需求自由进入市场采购的经营户和消费者。最后，经营主体和消费主体聚集，遵循管理规则、依法自主交易。可见，商品交易市场具有价格形成、传导信息、提供商品、便民生活以及增加就业、稳定社会的功能，其平台或空间载体具有基础性、社会性、公众性等属性，属于准公共产品的范畴；因而，市场举办方不能等同于一般法人企业，应该满足相应的资质要求。

（二）分类监管、突出重点

商品交易市场是一种由举办主体、管理服务主体、经营主体、采购主体和消费主体等多主体组成的复合型经济组织。具体来看，市场举办主体在商品交易市场形成和管理运营中都处于基础的地位，是市场得以形成的前提和基础；其提供的场所或空间平台载体以及管理服务都具有基础性和准公益性。众多不同属性的经营主体在商品交易市场构成中处于主体地位，其职责是遵守市场管理规定自主交易，其行为决定着市场秩序，反映了市场的管理水平和政府的监管状况。采购和消费主体在市场构成中处于松散地位，依据自己的采购和消费意愿自主进入商品交易市场采购或消费；市场秩序好、交易有保障，进入意愿就强，市场就繁荣；否则，进入意愿就差，市场就萧条。因而，不同的市场主体在市场构成中的地位和作用是不同的，这决定了要对市场主体进行分类监管，实施不同的监管措施。

依据不同市场主体在商品交易市场中地位和功能的差异，为了规范和维护商品交易市场的市场秩序，需要实施分类监管，以突出监管对象重点，提高监管效率。鉴于市场举办主体职责的特殊性，以及在历时4个多月听取基层工商干部对市场监管意见的基础上，我们对市场主体分类监管的建议如下：

第一，市场举办主体是政府市场监管的重点对象。理由如下：一是市场举办主体提供的场所、空间平台、管理和服务都具有准公益性，不能等同于一般性的法人企业，其经营管理水平不但对市场环境、交易秩序直接产生影响，还会对居民消费和社会生活产生间接的影响，外部效应较大。二是市场数量越来越多、市场规模越来越大，场内经营主体数量庞大，政府市场监管部门受人手不足的限制，监管到每一经营主体的难度越来越大。三是市场举办主体与场内经营主体利益休戚相关，负有管理服务和维护市场秩序的职责。四是"简政放权"要求政府监管部门从事无巨细的微观监管退出。这就要求监管部门抓好市场举办主体，督促本应由市场举办主体承担的市场管理和市场内秩序维护的职责。五是场内经营主体违法、违规行为是市场经营管理不到位的表现，举办管理主体应负有管理责任和连带责任。

第二，场内经营主体是政府市场监管的一般对象。对市场内依法、合规经营的经营主体，政府监管部门要坚决贯彻国家工商登记制度改革的精神，放宽工商登记条件，实行"宽进严管"，清理工商登记前置审批项目，提出拟取消的前置审批项目和改为后置审批的项目以及加强监督管理的措施，提出修改相关法律、行政法规和国务院决定的建议。加快推进工商注册全程电子化和电子营业执照，进一步实现工商登记的便利化。对于在网络市场进行经营活动的用户，可以进一步放宽工商登记条件，探讨利用家庭住址进行注册登记的可行性，进一步激活市场活力。在放宽线上线下工商登记的同时，工商部门要全面准确地掌握经营户的基本信息，实现所有经营户均有照经营，为下一步"依法监管"打好基础。

第三，在对市场主体分类的基础上，在准入环节，对市场举办方的准入不能搞"一刀切"，要根据拟举办市场的规模、类型和属性实行分类准入。举办方在具备一定的条件，通过一定资质审核的程序后，可以取得举办相应市场的基本资格，然后通过市场开办审批和登记程序，获得开办市场的营业执照。另外，对网络市场举办方的准入，同样需要遵循相应的准入条件和流程，进行审批和登记，颁发营业执照。通过市场举办方的准入，全面准确地掌握我国线下线上市场的基本信息，并达到对市场举办方的基本资质、经营管理等进行规范管理的目的。

（三）完善法规，厘清边界

在市场监管中，由于没有一部统一的《市场法》或者《商事法》来规定市场各类主体及政府相关监管部门的职责及权力边界，致使市场主体与政府监管部门间、政府监管部门之间及各类市场主体之间权力边界不清、职责不明，进而导致以下问题：政府对市场监管出现缺位与越位并存；政府市场监管部门间职能交叉、职能错位，遇到利益争着管，碰到麻烦就退避推诿扯皮；市场举办方只收费不管理，将市场管理推给工商部门，工商部门扮演市场保姆；市场举办方与市场内的经营主体间关系不顺、管理服务不到位，以及市场举办方连带责任缺失，等等。依据国务院《注册资本登记制度改革方案》"加快完善市场主体准入与监管的法律法规"和

"开展相关规章和规范性文件的'立、改、废'工作"的要求，为了厘清政府、市场监管部门、市场举办方、市场经营方及消费者之间的权责利关系，工商部门应加快市场监管立法的推进工作。长期来看，工商部门需要在5—10年内推动制定出台一部能够统领市场监管的《商品交易市场法》或《商事法》。鉴于出台《商品交易市场法》难度较大、时间较长的现实，中期也就是3—5年内，可以争取推动以国务院令的形式出台《商品交易市场监管办法》。短期也就是1—3年内应力争能够以国务院意见的形式发布《商品交易市场规范监管的措施和意见》。这样，在国家层面以意见、办法、法律逐步递升的形式厘清并明确商品交易市场系统内部各主体之间的权责利关系，厘清与市场相关的各主体的职责边界，至少要厘清工商部门监管市场的职责边界，改变工商市场监管就是一个"大箩筐"的局面，扭转工商职能越位和错位的怪象。

在厘清工商职责边界、明确权责的基础上，工商部门应依据自身的职责和职能逐步依法解决职能越位和错位问题，同时完善工商监管规章、加快人才培养，争取必要的监管和执法的经费保障，加大信息基础设施和网络监管建设的力度，为依法监管和规范监管提供支撑。在解决职能错位方面，工商部门应依据相应的法律法规据理力争，该推的坚决推掉，譬如：消防监管应该依据《消防法》将市场内的消防问题交给公安消防部门；食品安全问题应该通过推动《食品安全法》的修订，由食药局负责；商品质量问题应该通过推动《质量法》的修订由质检部门负责，等等。通过职责权力边界的厘清，工商部门将监管重心转移到市场准入、市场行为监管和维护市场秩序等本职工作上来，加强对市场准入的监管，反垄断、反不正当竞争，打击传销、虚假宣传，加强商标保护、品牌培育和消费者维权等工作，改变职能错位、本末倒置，工商工作重心不清、方向不明，什么都干、什么都干不好的局面，逐步形成与其他部门间各司其职、各履其责、相互配合、共同维护好市场的交易环境和交易秩序的局面。然后，依据中央精神和实际工作需求积极推进联合执法和综合执法工作。

（四）废除《城乡集市贸易管理办法》、依法履责

30多年来，《城乡集市贸易管理办法》（以下简称《办法》）在我国集贸市场培育、发展、规范管理方面发

挥了重要作用，对活跃城乡经济、便利群众生活、补充国营商业不足方面做出了历史性的贡献。但伴随我国社会主义市场经济的日益成熟和商品交易市场体系的日益完善，《办法》已经与我国社会主义市场经济发展的实际严重脱离，绝大部分规定条款已经不再适用，处于法律上有效实际应用中失效的尴尬状态，并且给工商部门依法监管和依法履责造成一些不必要的麻烦。鉴于《办法》的现状，我们建议应尽快废除，理由如下：

一是《办法》在适用对象上与现实脱节。经过 30 多年的改革，我国的社会主义市场经济体系已经形成，商品交易市场体系也日益完善，商品和资源的配置大部分已通过市场机制实现。《办法》针对的城乡集市贸易相对市场经济和商品交易市场体系的发展已严重滞后，不具备适用性和可行性。

二是《办法》内容严重脱离现实。《办法》中的绝大部分条款已经严重脱离社会主义市场经济和商品交易市场发展的现实。譬如：粮票、布票等计划经济体制下的各种证券早已取消，议购议销机制不复存在，农民经商无须持基层单位证明，商品上市无须基层行政单位出具证明，国营商业无法发挥对集贸市场的主导作用等。

相关规定和条款事实上处于无效的状态。

三是《办法》没有适用性。"管办脱钩"后，工商部门与市场的关系已经由"主办者、管理者"的双重身份向"独立监管、依法监管"转变。事实上，工商部门已不再是市场的主管部门，而是市场的独立监管部门。基于《办法》的适用对象和内容条款严重脱离实际的现实，工商部门在实际工作中基本不用或无法依据相关规定监管市场，因而，《办法》处于无用的状态。

四是《办法》是政府追责和其他部门推诿的依据。《办法》规定"城乡集市贸易行政管理的主管部门是工商行政管理机关"。市场一旦出现问题，无论是环境卫生、火灾事故还是"创诚、创卫"以及食品安全、产品质量，政府都可能会以该规定为依据对工商部门追责或者布置任务进行考核。其他部门也会依据该项规定将自己职责范围的工作推给工商部门，譬如，涉及消防不合格就出现给工商部门发函，要求工商督促整改的现象。

五是废除《办法》是基层工商干部的呼声和要求。在本次历时 4 个月走访 8 个省市和 20 个地区或城市的市场调研中，召开了 20 个地区共 398 名基层工商干部的座谈会。针对《办法》废、改、立的问题征求大家的意见，382 名基层干部主张将《办法》废掉，理由是在实际工作中根本用不到，"主管部门"的规定反而成了工商部门的"紧箍咒"。个别干部比较谨慎，担心废掉《办法》后，工商监管市场没有上位法的支撑，他们主张对《办法》进行修订。关于《办法》废除后需要不需要"立"的问题，基层干部分歧比较大。有 323 名基层干部主张要"立"，"立"一部新的统领市场监管的《市场法》或《商事法》，理由是目前涉及工商市场监管的法律法规太多，但没有一部能够统领指导工商监管的法规。少数工商干部认为废掉《办法》就可以了，不需要再立新的法规，理由是现有的法规已经很多了。综合实际调研的基层的意见，废掉《办法》的意见和呼声比较高，应对其予以尽快废除。至于要不要"立"，应尽力争取立一部新的法规。

总之，废除《办法》既是市场经济和商品交易市场体系发展的要求，也是市场监管部门的呼声，更是工商部门克服"职责无边界"与其他部门扯皮的困境，推进依法监管、独立监管、依法履责的需要，实现部门间各司其职、各尽其责、职责清晰的需要。《办法》废除后，工商监管市场会面临无上位法支撑的问题，这也许会引起上层的关注，加快市场监管立法工作。

（五）转变观念，创新监管

工商行政管理与我国市场经济的培育和发展相辅相成。在由计划经济向商品经济、市场经济过渡的时期，集贸市场是我国商品经济和市场经济的主要表现形式；培育、建设和管理集贸市场是工商部门的主要职责和职能。由于工商部门与集贸市场有着千丝万缕的联系，由于长期工作的惯性，工商干部不可避免地具有一种"集贸市场情节"。伴随市场经济的逐步完善和市场体系的发展，这种形成于20世纪80年代的工作理念已经不适应现阶段市场监管的需求，特别是网络市场的出现和迅猛发展对传统监管理念提出了严峻的挑战。因此，市场经济体制和市场发展及其存在形式的格局都需要监管部门转变观念，由小生产、集贸市场管理向大生产、市场体系监管转变；由实体市场监管向实体市场、网络市场一体化监管转变；由微观人员关系管理向规则、标准制定、依法依规监管转变；由单一行政监管向行政监管与市场信用监管、行业自律、媒体监督和消费者维权相结合的综合监管转变。市场监管部门这些观念的转变是我国生产力提升、市场经济体制完善、市场主体行为规范以及信息技术应用、法制建设和社会进步的必然要求；是监管部门适应市场发展需要进行监管创新、有效监管履责的必然趋势。

基于对市场概念认识的深入和监管理念的转变，市场监管部门需要基于自身职能针对市场主体准入、行为在监管方式上进行创新，推进市场监管由简单的责令整改、罚款没收粗放式管理向警示指导与依法监管和服务的精细监管转变。譬如，在工商登记制度推进由"先证后照"改为"先照后证"，降低发照条件时，应考虑细化营业执照管理办法，依据消费者投诉、交易纠纷及媒体曝光情况对持照者进行警示、经济处罚甚至扣押或吊销执照，并将处罚情况计入信用档案。在市场准入环节，对不同市场主体进行分类，然后，依据不同主体的属性制定准入、退出规则，把好市场主体资格准入、退出关，为市场秩序提供基础性的合法市场主体保障。在市场行为环节，加快完善相应的法律法规，推进依法监管。加快交易标准制定和推广，实行标准化监管。加快市场主体信息公示制度建设，完善市场主体信用机制，推进市场信用自我调节机制。加大信息技术投入和信息、法律、商业等专业人才的培养引进，推进信息化、法治化和专业化监管，提高监管效能。

借助网络信息技术，搭建统一监管平台，逐步实现线上线下融合一体化监管。政府行政监管适当简政放权，培育行业协会、商会、消费者协会等中间组织，促进行业自律；发动媒体、消费者等社会力量，推进社会化监管。在公共服务环节，工商行政管理部门可以利用自身掌握的信息资源优势，通过与行业协会、商业学会、研究机构合作，分析各类市场及各类市场主体面临的形势，为政府宏观调控和各类市场主体行为提供咨询参考意见。还可以利用掌握的市场主体信用信息，通过研究机构、行业协会等中间组织制定信用分析报告，然后联合金融机构将市场主体信用与融资相结合，实现信用融资，解决市场主体融资难的问题，同时也是促进市场主体重视信用，实现信用激励监管的途径。总之，工商监管部门转变观念，依据市场经济发展和市场发展的新形势，在针对不同属性的市场主体及其行为依法依规监管的基础上，充分遵循市场的自我信用调节机能是监管创新，实现有效监管的新要求，也是政府简政放权、厘清政府与市场关系的新思路。

（六）细化准入，执照监管

商品交易市场是一种多主体复合型经济组织，具有基础性、公众性、社会性、公益性等性质，不能等同于一般性企业。对商品交易市场不同主体准入要分类细化，建立相应的准入和退出机制。譬如，举办主体就不能简单适用于一般企业的登记准入制，而应满足相应的资质条件。

对市场举办方的准入，要依据计划举办的市场的类型设立相应的准入条件，实行分类准入。我国商品交易市场在发展水平上呈现出马路市场、露天集贸市场、大棚集贸市场、室内市场、现代商场市场、商贸城市场和国际商贸城市场等多层次并存的局面；在市场投资主体上已经形成国有、集体、个人和外资等多元格局，经营管理上也形成了政府、公司法人、合伙企业、个人独资等多元格局。对市场举办方的准入不能搞"一刀切"的准入制度，要根据拟举办市场的类型实行分类准入。市场举办方在具备一定的条件，通过一定的程序后，可以取得举办相应市场的基本资格，然后通过市场审批和登记程序，获得开办市场的营业执照。另外，对网络市场举办方的准入，同样需要遵循相应的准入条件和流程，进行审批和登记，颁发营业执照。通过市场举办方的准入，全面准确地掌握我国线下线上市场的基本信息，并达到对市场举办方的基本资质、经营管理等进行规范管理的目的。

对市场内经营户的准入，要坚决贯彻国家工商登记制度改革的精神，放宽工商登记条件、实行"宽进严管"，清理工商登记前置审批项目，提出拟取消的前置审批项目和改为后置审批的项目以及加强监督管理的措施，提出修改相关法律、行政法规和国务院决定的建议。加快推进工商注册全程电子化和电子营业执照，进一步实现工商登记的便利化。对于在网络市场进行经营活动的用户，可以进一步放宽工商登记条件，探讨利用家庭住址进行注册登记的可行性，进一步激活市场活力。在放宽线上线下工商登记的同时，工商部门要全面准确地掌握经营户的基本信息，实现所有经营户均有照经营，为下一步"严管"打好基础。

在实现对线上线下市场举办方和经营户的全面准确掌握的基础上，加强对营业执照的监管。营业执照是对市场举办方和经营户经营能力的一种资质认可，至于企业或个体能否在某地举办市场或进行相应的经营活动，还需要土地、商务、消防、卫生等其他政府部门的相应许可才行。工商部门的职责是负责为具备经营能力的企业或个体颁发营业执照，并对所颁发的营业执照进行监管，根据企业或个体在经营过程中出现的违法违规行为的严重程度，对其进行警告、吊销营业执照等处罚。对营业执照的监管，可以考虑实行营业执照扣分制度，设定一定时间段为记分周期，根据经营者在记分周期内的违法、违规累计积分，实行相应的预警机制，建立经营异常名录制度和严重违法企业名单制度，重点监控记分较多的经营户，对于记分周期内记满分数的经营户可予以吊销营业执照等处罚。

（七）信用激励，市场自律

党的十八届三中全会提出"使市场在资源配置中起决定性作用和更好发挥政府作用"，这是对中国特色社会主义理论的发展，是对经济发展规律认识的进一步深化。市场经济本质上是市场决定资源配置的经济，市场是配置资源最有效率的形式。政府对市场的监管重点在于制定规则，营造规范有序、公平竞争的市场环境，而不再直接干预可以由企业自主、市场选择的事情。企业和政府将企业的各类信息及时、公开、准确、透明地提供给市场，由市场做出选择，选择是否与企业开展业务往来，是否购买企业的商品或服务，从而实现由市场决定资源或增或减地配置于不同的企业。

信用是市场经济的灵魂，信用监管将成为市场监管的主要手段。建设统一规范的企业信用管理系统，提升对企业信息的采集、整合和分析能力，运用信息公示、信息共享、信息约束等手段，对列入经营异常名录的企业进行公示、警示，对列入严重违法企业名单的企业进行限制，纳入信用监管体系，各有关部门要采取有针对性的信用约束措施，使违法主体"一处违法，处处受限"。《企业信息公示暂行条例》要求县级以上地方人民政府及其有关部门建立健全信用约束机制，在政府采购、工程招投标、国有土地出让、授予荣誉称号等工作中，将企业信息作为重要考量因素，对被列入经营异常名录或者严重违法企业名单的企业依法予以限制或者禁入。对于被载入经营异常名录和列入严重违法企业名单的企业，工商部门要定期向全社会公示相关信息。利用社会化监督，由社会判断企业的信用状况，选择是否与企业开展交易。

同时，还要利用市场"无形的手"进行约束和调节，比如推动企业征信与信贷融资挂钩，通过融资等手段对企业行为进行约束。工商部门可以利用企业信用管理系统，以企业征信报告的形式，使用市场的手段，不仅能够对违法企业进行有效的约束，更能对守法企业形成有效的激励机制。目前，国内各市场经营户面临严重的融资难、融资贵问题，造成这种问题的一个重要原因就是银行与经营户之间存在着严重的信息不对称。经营户多采取家族作坊式的经营模式，基础性资料缺乏，信息不够透明，财务行为不够规范，所提供的财务数据不够准确完整，银行难以评估其还贷能力和信贷风险，且评估成本较高。另外，多数经营户规模小、缺乏可抵押的财产，这就加大了银行为经营户融资的风险。企业信用管理系统以政府部门出具的企业征信的形式，有效地解决银行与经营户之间信息不对称的问题，帮助诚信守法企业解决融资难的问题，激励企业诚信经营。

最后，也要注重保障企业权利，建立企业信用修复机制。企业所产生的信用记录，在经过一定年限后，如果没有再次发生相同的违法违规行为，可以恢复正常记载状态。通过企业信用修复机制，促使企业克服失信行为，进而做到诚实守信、合法经营。

（八）改善信用分类，增强市场激励

自 2007 年工商部门推进市场信用分类监管以来，在市场信用监管制度、市场分类监管信息化建设以及市场主体信用建设方面取得了显著的成效，强化了社会监督，建立了信用激励约束机制，促进了市场主体自律意识，提高了监管效能。市场信用分类监管是以市场主体在市场中的信用建设为核心，通过采集记录市场开办者和经营者信用信息，然后，依据信用分类标准对不同市场及场内的经营户进行信用分级，并重点加大对信用等级较低的市场和经营者的监管力度，提高了监管的针对性和有效性。在推进市场信用分类监管的基础上，工商总局自 2010 年开始推进了诚信市场创建工作，通过"诚信经营户""放心经营户""先进经营户"的评比，督促指导市场开办者履行市场管理责任，促进市场诚信经营，树立了一批国家级和地市级诚信示范市场。诚信市场创建对市场信用提升和市场秩序建设与规范发挥了重要的作用，也是近几年工商行政管理部门监管市场的重要抓手。

无论是市场信用分类监管还是诚信市场建设，都是在工商行政管理部门主导下力推的市场信用建设的政府行为，各类市场主体只是响应政府的号召被动参与；而源自市场体系内部的动力不足，致使市场举办和管理方以及场内的经营户的积极性都不高。这样，尽管基层工商管理干部积极推进，取得了一定的成效，但因政府认定行为缺乏市场激励约束机制，无法增加高级别信用市场和经营户的经营业绩，也不能解决商户融资等问题，致使市场信用分类监管和诚信创建在部分省份流于形式。譬如，在调研过程中，就有商户针对诚信商户评比提出"消费者购买商品并不看你是多少星，而是依据自己的购买需求随机购买，我评上'诚信经营户'和'星级商户'也不能增加我的销售，实在没有意义"。

基于各类市场主体在市场信用分类和诚信建设方面积极性不高以及消费者消费成熟度不够的现实，按照国家"简政放权"的改革思路和"放宽准入、严格监管"的要求，我们建议要进一步完善市场信用分类、加强市场诚信激励建设。具体讲就是市场信用分类要坚持信用分类与市场经济机制相适应的指导思想；坚持市场信用分类要能产生市场激励效应；诚信经营能够为市场经营主体带来经济效益；信用低、失信的市场行为不但会受到行政处罚，还将受到市场原则的无情制裁。这样的信用分类和诚信建设才能得到市场和消费者的认可。鉴于此，市场信用分类可以去行政化，也就是说市场信用评价、分类工作逐步交给市场协会或其他中间组织。这样，市场信用评价就具有了社会性和市场性，市场主体的信用评级就可以与税务、金融部门对接，也会对消费者行为产生较大的影响。如果政府对信用不等的市场主体实施不同的监管措施，再加上源自市场体系内部的融资激励和消费者行为的转变，市场经济内在的信用激励约束机制就会启动；各类市场主体才会重视，才会自觉诚信经营。政府部门只是依据市场协会或中间组织的信用评级结果对市场各类主体进行分类监管，达到事半功倍的效果。

（九）统一平台，一体化监管

随着信息技术和互联网应用的日益普及，网络商品交易市场发展迅猛，网络平台也日益成长为一个经营多元化、高度信息化的综合交易体系。与此同时，各类传统商品交易市场、各类市场主体及其行为也日益信息化和网络化。特别是近年来，网络市场向实体市场延伸，例如，阿里巴巴与四季青、银泰、海尔等合作，布局菜鸟物流，京东加快物流建设等都显示虚拟市场在向实体回归。实体市场也开始借助信息技术向网络市场拓展，如义乌商城启动义乌购，苏宁改为苏宁云商，以物流起家的顺丰"嘿店"也开始布局，显示出实体市场也在向网络市场发展。整体上，我国商品交易市场正在呈现实体市场与网络市场融合发展的态势。

针对网络市场与实体市场融合发展的趋势，本报告建议：工商总局要加快统一监管平台建设，同时，按照"市场主体分类、突出监管重点"的思想，重点抓好网络市场平台监管，并以网络市场平台为抓手，推进各类市场主体的营业执照、注册登记以及违法、违规经营信息电子化，实施网络和实体一体化监管。与此同时，强化市场主体的信息公示，利用市场信用调节机制、促进市场主体自律、规范市场主体行为。也就是说，政府监管部门在统一平台的基础上，重点监管网络市场平台举办主体和实体市场举办主体，并通过网络平台主体和实体举办主体实施对一般网络或实体经营主体的监管。如果一般经营主体既从事实体经营也从事网络经营，那么，实体经营信息与网络经营信息就进行合并，实行一体化监管。

目前，国内各地工商部门各自建立本地区的网络市场监管平台，这不仅与实体市场监管不兼容，而且各地区间的平台也互不兼容，致使监管部门间信息很难对接，还造成了监管资源的浪费。为了适应实体市场和网络市场融合发展监管的需要，工商总局有必要在全国范围内建立统一的监管平台。通过全国市场监管平台，有效整合利用工商系统内资源，推进企业基础信息和各业务条线监管执法信息纵向与横向整合、实体与虚拟整合，利用大数据等先进技术实现对市场的科学化、精细化、一体化网络监管。同时，还要在全国市场监管平台内建立相应的电子取证系统，能够形成具有法律效力的证据，有效解决网络取证难的问题。统一的市场监管平台还能够有效缓解基层工商部门网络技术人才缺乏的难题，使基层工商部门能够把有限的监管力量用到具体执法等工作中去。

（十）培育中介，行业自律

党的十八届三中全会提出全面深化改革的总体目标

是完善和发展中国特色社会主义制度，推进国家治理体系和治理能力现代化。十八届四中全会进一步提出要"支持各类社会主体自我约束、自我管理，发挥市民公约、乡规民约、行业规章、团体章程等社会规范在社会治理中的积极作用"。行业协会等社会中介组织是国家治理体系和治理能力现代化的有机组成部分，是现代市场体系的有机组成部分，承担着建立和形成市场规则、维护市场秩序和为会员单位提供服务的责任，在承接政府职能转移、服务企业发展、服务市场经济中起着越来越重要的作用。

在目前政府简政放权执政的趋势下，在政府和市场边界的模糊地带需要中间组织来承担，行业协会等中介组织是实现政府和市场无缝隙衔接，促进市场经济体系的完善和社会的繁荣发展的必要一环。行业协会等中介组织与工商部门的许多工作有相通之处，工商部门要把那些应由企业和行业协会自治自律的事情交给企业和行业协会，企业和行业协会也应肩负起自治自律的主体责任，共同为构建企业自治、行业自律、社会监督、政府监管的社会共治新机制发挥各自的作用。比如，支持行业协会使用工商部门的相关公示信息开展行业化、专业化的企业信用评价工作，推动社会诚信体系建设；支持行业协会为成员企业进行国家政策、各项法律法规及措施的培训工作，推动成员企业依法经营；支持行业协会推进行业自律，以行业自律提升企业的自我规范和自我管理水平。

（十一）成立市场协会，促进行业自律

商品交易市场是我国商品流通的主渠道和核心环节，在商品集散、引导生产、促进消费和经济发展方面发挥了重要的功能。作为流通领域的一个重要行业，目前，商品交易市场领域却没有一个自己的全国性组织——市场协会。各省市的情况也大同小异，多是依托工商部门设立了市场协会，也有的根本就没有成立市场协会组织。在成立市场协会的省份中，市场协会也多是摆设，能够发挥行业自律、履行协会职责的不多。调研中发现只有浙江省市场协会发展比较好，服务市场的意识比较强，在商品交易市场中的影响比较大；多数省份的市场协会只是收取会员费，会员意见较大，实际运行效果很差；还有的省份，譬如山东在这次机构调整期间解散了市场协会。

　　市场协会的发展现状与我国商品交易市场的地位严重不符，也与我国推进的"简政放权"的"政改"思路和市场监管由事前准入监管向事后规范监管转变、调整的方向严重不符。工商行政管理部门正在由全面市场管理向宏观政策管理和依法监管转变。这样，行业管理和行业规范的职能将逐步退出，必然会出现政府和微观市场主体之间的行业层面出现监管真空。如果在政府和市场主体间的模糊地带没有中间组织来衔接，市场主体行为在行业层面就会缺乏规范和约束，可能会对市场秩序造成较大的冲击。为了保障政府市场监管职能的顺利、成功转型和市场秩序的持续稳定以及促进市场进一步繁荣、有序发展，应在国家层面成立中国市场协会，各省市依据各自实际情况成立、培育或支持市场协会组织发展，并接受中国市场协会的工作指导。

　　另外，发展市场协会等中间行业组织也是我国进一步深化改革、完善市场经济体系和提升政府治理能力的必然要求。行业协会等社会中介组织是国家治理体系和治理能力现代化的有机组成部分，是现代市场体系的有机组成部分，承担着建立和形成市场规则、维护市场秩序和为会员单位提供服务的责任，在承接政府职能转移、服务企业发展、服务市场经济中起着越来越重要的作用。因此，在国家层面成立中国市场协会应早日提上日程，站在市场第一线的工商部门在这方面应该积极行动起来。

（十二）强化政府责任、约束政府权力

一直以来，行政权力干预是市场建设规划无效、开办门槛较低、随意性较强、重复建设严重、恶性竞争不断、市场秩序混乱的重要原因；地方保护、行政干预执法是工商行政管理部门行政执法遇阻、执法困难，推进统一市场监管困难的重要原因。理论上，商品交易市场形成的基础，即举办者提供的场所或空间平台是具有公众性、平台性、聚集性和社会性的准公益性产品。因而，商品交易市场建设需要政府先行规划，市场开办需要有准入门槛和退出的标准和机制。举办主体开办市场需要满足一定的资质条件，满足市场开办条件和标准才能开办市场，达不到标准要求就需要清理退出。另外，市场监管部门是政府基于市场失灵而对市场进行干涉的独立行政机构，具有行政性、法定性和独立性。

基于商品交易市场的特殊性和工商市场监管的相对独立性，在"简政放权""独立监管"和"依法监管"

的大趋势以及建立全国统一大市场的政策要求下，特别是在基层工商部门由垂直管理划归地方管理后，为了扭转市场建设、开办无序的局面，保证市场监管的有效性和稳定性，我们建议：在商品交易市场建设和监管方面要强化地方政府责任，约束地方政府权力，防止行政权力干涉市场监管，引致市场监管无效，致使市场秩序混乱。具体来讲就是在市场准入开办环节要强化市场建设规划，禁止行政权力干预；在执法环节要强化政府责任，提高政府对市场监管部门工作的支持力度；在市场主体退出环节，要制定退出规则，并严格按规则强制退出，尽量减少行政干预。